Erich Kock

Beter, Täter, Zeuge – Nikolaus Groß

Um eines bitte ich: Ihr, die Ihr diese Zeit überlebt, vergeßt nicht. Vergeßt die Guten nicht und nicht die Schlechten. Sammelt geduldig die Zeugnisse über die Verstorbenen. Eines Tages wird das Heute Vergangenheit sein, wird man von der großen Zeit und von den namenlosen Helden sprechen, die Geschichte gemacht haben. Ich möchte, daß man weiß: daß es keinen namenlosen Helden gegeben hat, daß es Menschen waren, die ihren Namen, ihr Gesicht, ihre Sehnsucht und ihre Hoffnung hatten, und daß deshalb der Schmerz auch des letzten unter ihnen nicht kleiner war als der Schmerz des ersten, dessen Name erhalten bleibt. Ich möchte, daß sie Euch alle immer nahe bleiben, wie Bekannte, wie Verwandte, wie Ihr selbst.

Julius Fucik, Redakteur, Sohn einer Arbeiterfamilie, 1903 in Prag geboren und am 8. September 1943 in Plötzensee hingerichtet

Erich Kock

Beter, Täter, Zeuge – Nikolaus Groß

Herausgegeben von Bischof Dr. Hubert Luthe

Die Deutsche Bibliothek – CIP-Einheitsaufnahme

Kock, Erich:
Beter, Täter, Zeuge – Nikolaus Groß / Erich Kock. Hrsg. von Hubert Luthe. –
Paderborn : Bonifatius, 2001
ISBN 3-89710-201-3

Titelbild:
Nikolaus Groß vor dem „Volksgerichtshof"

Umschlaggrafik:
Christian Knaak, Dortmund

ISBN 3-89710-201-3

© 2001 by Bonifatius GmbH Druck · Buch · Verlag Paderborn

Alle Rechte vorbehalten. Das Werk einschließlich seiner Teile ist urheberrechtlich geschützt. Jede Verwertung außerhalb der engen Grenzen des Urheberrechtsgesetzes ist ohne Zustimmung des Verlages unzulässig und strafbar. Das gilt insbesondere für Vervielfältigungen, Übersetzungen, Mikroverfilmungen und die Einspeicherung in elektronische Systeme.

Gesamtherstellung:
Bonifatius GmbH Druck · Buch · Verlag Paderborn

Inhalt

Zum Geleit 6
Bischof Dr. Hubert Luthe

„Von der Mosel zur Ruhr" 7

Der Arbeiter 18

„Sieben um einen Tisch" 26

„Allerliebste Frau und Mutter" 32

„Unser Herz betet" 40

„Wie sollen wir vor Gott und unserem Volk bestehen?" 46

„Vater geholt 1 1/2 Uhr Mittags" 53

Zeuge der Wahrheit 64

„Selig die Makellosen auf dem Lebensweg" 70

„Geprüft und nicht zu leicht befunden" 76

Lebensdaten Nikolaus Groß (1898-1945) 84

Nachwort 87

Bildnachweis 88

Autor 89

Zum Geleit

„Werdet also Täter des Wortes, nicht nur Hörer, indem ihr euch selbst betrügt." Das ist klar gesprochen. Der „Herrenbruder" und Blutzeuge Jakobus hat es wörtlich so gesagt (Jak 1,22). In diesem Satz eignet dem Wort „Täter" noch sein ursprünglicher, unverdorbener Klang: ein Mensch, der zuhört, zusieht und sich dann einmischt, zupackt. Weil er spürt: Das Gehörte und Gesehene geht mich an. Ich darf mich nicht feige heraushalten.

„Werdet also Täter des Wortes." Des Wortes Gottes! Der Beter Nikolaus Groß wurde zum Täter, weil „das hörend empfangene Wort" Gottes mit ihm „durch den Glauben zusammengewachsen war" (Hebr 4,2). Und er wurde zum Zeugen, zum Blutzeugen, weil er vor den Folgen seines Tuns nicht zurückschreckte. Seine Frau Elisabeth hat ihn darin bestärkt und sie mit ihm bestanden.

Dieses Buch kann man nicht lesen und sich dann zurücklehnen. Es fordert heraus. Bleibe ich als Zuschauer in den Rängen sitzen, oder steige ich hinunter in die Arena, um zu kämpfen? Nicht, um den Zeugen Nikolaus Groß nachzuahmen, sondern weil ich mich frage: Wohin und wozu ruft Gott mich? Daß auch mit mir das hörend empfangene Wort Gottes durch den Glauben zusammenwachse. Daß auch ich zum Täter des Wortes werde.

Der Familienvater und Martyrer, der Beter, Täter und Zeuge Nikolaus Groß wird am 7. Oktober durch den Heiligen Vater Papst Johannes Paul II. seliggesprochen. Das muß für uns Folgen haben! Das wird Folgen haben!

Essen, am 25. Juli 2001 + *Hubert Luthe*
Bischof von Essen

„Von der Mosel zur Ruhr"

*„Im weiten deutschen Lande
zieht mancher Strom dahin,
von allen, die ich kannte,
liegt einer mir im Sinn.
O Moselstrand,
o selig Land,
ihr grünen Berge,
o Fluß und Tal,
ich grüß' euch von Herzen viel tausendmal."*

Im September 1845 wurde den Teilnehmern eines Sängerfestes in Trarbach „schmerzlich bewußt", daß es an Liedern fehlte, mit denen man die Mosellandschaft und den Moselwein feiern könne. Deshalb setzte eine eigens gegründete „Kommission" einen Preis für das „beste anerkannte Volkslied nebst Melodie" aus. Er bestand in einem Fuder Wein des Jahrgangs 1842; der war offenbar besonders gelungen. Der Einsender, ein katholischer Pfarrer namens Theodor Reck, zusammen mit dem Urheber der Melodie, Georg Schmitt, erhielt den Preis. Schmitt stammte aus Trier; seine Mutter war eine geborene Marx aus dem Trierer Vorort Zurlauben.
Begeistert rühmen Gedicht und Melodie die Schönheit der Moselanerinnen und Moselaner, und sie besingen den Strom, das Land, seine Städte und Dörfer. Denn Mosel und Moselland: das klingt bis heute nach Burgen und Weinbergen.
Man denkt auch sofort an Orte mit einer reichen, in römischer Zeit wurzelnden Vergangenheit.
Die Mosel und ihre Weinberge – das ist eine ansehnliche, liebenswürdige Naturkulisse. Das ist aber auch eine Geschichtslandschaft, deren steinerne Zeugen den Lauf des Flusses von der Quelle in den Vogesen, von Trier bis zur Koblenzer Mündung in den Rhein begleiten.
Der väterliche Vorfahr von Nikolaus Groß war Moselaner, und wie dessen Vater liebte er seine Herkunft. Dort fühlte er sich zu Hause.
Im unteren östlichen Abschnitt der Mosel und an der Mündung des Elzbachs liegt das Dorf *Moselkern*. Der Ort gegenüber dem rechten Ufer und dem steilen Fels des Druidensteins weist den Weg durch das enge Tal zur romantischen Kulisse der Burg Eltz. Moselkern – im 19. Jahrhundert ein

Der Ort Moselkern am unteren Lauf der Mosel – Heimat des Vaters von Nikolaus Groß

Pfarrkirche St. Valerius im 19. Jahrhundert

durchschnittlich 700 Einwohner zählendes Dorf der Winzer, „Ackerleute, Handwerker und Tagelöhner". Der landschaftliche Reiz des Ortes wurde erst später von Touristen entdeckt.

Freilich ist die Mosel bis heute (und besonders im Winter und Frühjahr) keineswegs nur der liebliche Fluß, als der er sich in der Vorstellung schwärmerischer Naturliebhaber darstellt. Und nicht nur die Bewohner von Moselkern haben gelernt, auch mit Mißernten und Überschwemmungen zu leben. In den Zeiten Napoleonischer und preußischer Herrschaft kamen massive politische Pressionen hinzu. Mitte des 19. Jahrhunderts aber konnte das Moselland zahlreiche Menschen nicht mehr ernähren – sowenig wie Eifel und Hunsrück. Wachsende Arbeitslosigkeit und Existenznot schufen eine Auswanderungswelle, die Jahrzehnte anhalten sollte.

In den Zeitungen nahmen die Anzeigen von Schiffahrtsgesellschaften zu, die allen Auswanderungswilligen zu günstigen Preisen Schiffspassagen anboten. Bevorzugte Ziele waren die Vereinigten Staaten. Doch man ging auch, wie das damals hieß, ins „Niederland" (nicht die Niederlande). Unter dem „Niederland" verstand man auch das Ruhrgebiet, in dem zwischen 1860 und 1920 die rasante Entstehung einer riesigen Industrie von Kohle und Stahl Arbeit, Ausbildung und Brot versprach.

Ins Ruhrgebiet strömten damals immer mehr Arbeitswillige aus Schlesien, Masuren, Polen und dem Rheinland, denen nicht wenige Anwerber guten Lohn und ein geregeltes Leben verhießen. Unter ihnen befand sich auch Nikolaus Groß, der Vater des Bergmanns, späteren Gewerkschaftssekretärs und Redakteurs der „Westdeutschen Arbeiterzeitung", Nikolaus-Franz Groß.

Der Vater, Sohn eines Tagelöhners, Huf- und Wagenschmied von Beruf, wurde am 17. Mai 1857 in Moselkern geboren und einen Tag später in der katholischen Kirche St. Valerius getauft. Die Familie wohnte im Zentrum des Ortes an der Ober-Straße 82; damals eine Schreinerei, heute ein Gasthaus mit dem Namen „Rebstock". Nikolaus Groß war mit Sicherheit harte Arbeit gewöhnt – nicht weniger als die Moselkerner Winzer, die mit Hacken und Schaufeln in den Weinbergen zu „schuften" hatten. Vielleicht klang ihm auch Pfarrer Recks Mosellied in den Ohren, und er wäre am liebsten unter dem Schatten des Druidensteins wohnen geblieben. Wir kennen den konkreten Anlaß nicht, der ihn Mitte der achtziger Jahre des 19. Jahrhunderts ins „Niederland" der Zechen, Fördertürme, Schornsteine und Walzwerke trieb. Es werden Not und mangelnde Zukunftsaussichten

Von der Mosel an die Ruhr – Bahnhof Moselkern um 1876

Moselkern am Ausfluß des Elzbachs in die Mosel

gewesen sein. Sicher ist nur, daß sein Weggang seinem ältesten Sohn gleichen Vornamens, Nikolaus, zum Schicksal wurde.
Man stelle sich vor: von der Geschichtslandschaft Mosel in die Werkstättenlandschaft des Ruhrgebiets – ein Schritt in völlig andere Lebensverhältnisse. Ein Schritt ins Ungewisse. Die rasche Entwicklung der Kohleförderung, eine Art Gründungsfrühling von Zechen und Walzwerken und die immer stärkere Erschließung der Steinkohle ließen eine gewaltige Industriewelt entstehen, die mit ihren „Flözen" unaufhörlich nach Norden wanderte. An manchen Stellen trat die Steinkohle an die Oberfläche – und das auch dort, wo der Schmiedemeister Nikolaus Groß zuletzt seinen Wohnsitz fand, wiederum in einem verhältnismäßig kleinen Ort. Er liegt unweit von Hattingen und heißt bis heute *Niederwenigern*. Bis Ende des 19. Jahrhunderts besaß er noch durchaus ländliche Züge. Ob der Neubürger von Niederwenigern, der Zechenschmiedemeister Nikolaus Groß, in einer „Gezähschmiede," einer Förderwagenschmiede oder einer Schlosserei tätig war, ist freilich heute nicht mehr auszumachen.
Ruhrgebiet – das wurde und war eine „auf Kohle und Stahl konzentrierte Gewerbelandschaft". Die Zeit zwischen 1850 und dem Ersten Weltkrieg prägte bis in die achtziger Jahre des 20. Jahrhunderts im wesentlichen sein

Werkstättenlandschaft Ruhrgebiet – Zeche bei Essen im Winter

Erscheinungsbild. Gerade die Expansion von Kohleförderung und Stahlerzeugung zog ein Millionenheer auswärtiger Arbeitskräfte an. Städte vervielfachten in kürzester Zeit ihre Einwohnerzahl. Jeder verfügbare Raum wurde zu Wohnquartieren umgebaut; überall entstanden Neubauten: teilweise gesichtslose „Wohnkasernen".

Fördertürme, Schachtanlagen, eine Aura von Dunst und Qualm prägten rasch das bis heute gängige Wort vom „Kohlenpott". Deshalb mußten die Aufrufe bei der Anwerbung auswärtiger Arbeiter ihren Mund ziemlich voll nehmen: „Zu jeder Wohnung gehört ein Garten ... die ganze (Arbeiter-) Kolonie ist von schönen, breiten Straßen durchzogen. Wasserleitung und Kanalisation sind vorhanden. Vor jedem Hause liegt noch ein Vorgärtchen, in dem man Blumen oder auch Gemüse ziehen kann." Tatsächlich blieb nicht bloß die Gegend um Hattingen-Niederwenigern herum ländlicher Umwelt und grüner Natur verbunden.

Am 24. Januar 1898 heiratete der zum Zechenschmiedemeister gewordene Nikolaus Groß die kinderlos gebliebene Witwe Elisabeth Schmitz geborene Naße. Elisabeth Naße war die Tochter eines Schreiners aus Hultrop im westfälischen Kreis Soest. In ihrer zweiten Ehe hatte sie mit Nikolaus Groß

*Die Eltern von Nikolaus Groß.
Sie wohnten lange Zeit bei ihren
Kindern und Enkeln.*

drei Kinder. Das älteste war der Sohn Nikolaus-Franz, der am 30. September 1898 in Winz-Niederwenigern geboren wurde.
Nicht weit von der katholischen Pfarrkirche liegt sein erhaltenes Geburtshaus. Damals war es ein Bruchsteinbau, der den zahlreichen „Kötterhäusern" der Umgebung glich. Auch das – wie manches Wohnhaus am Ort – bruchsteinverkleidete zweistöckige Schulgebäude in Niederwenigern steht noch immer auf dem Schuler Berg. Hier sind der Sohn des Nikolaus Groß und seine spätere Ehefrau Bernardine-Elisabeth Groß geb. Koch in die siebenklassige katholische Volksschule gegangen; sie stammte aus dem gleichen Ort. Ein im Abgangsjahr 1912 entstandenes Foto aller Schülerinnen und Schüler zeigt auch die künftigen Ehepartner, die damals wenig Notiz voneinander nahmen, bis sie sich acht Jahre später ineinander verliebten. Das Foto wurde auf dem Schulhof aufgenommen, von dem man noch heute einen weiten Blick über tiefer gelegene Wiesen und nahe Wälder tun kann. In der Ferne ahnt man die Ruhr – jenen Fluß, der der wohl bedeutendsten Industrieregion Westeuropas ihren Namen gegeben hat.
Die mit dem väterlichen Vermerk „gesehen Nikolaus Groß" unterschriebenen Zeugnisse seines ältesten Sohnes existieren noch. Sie geben einen strebsamen, durchschnittlich begabten Schüler zu erkennen; dem Achtjährigen

13

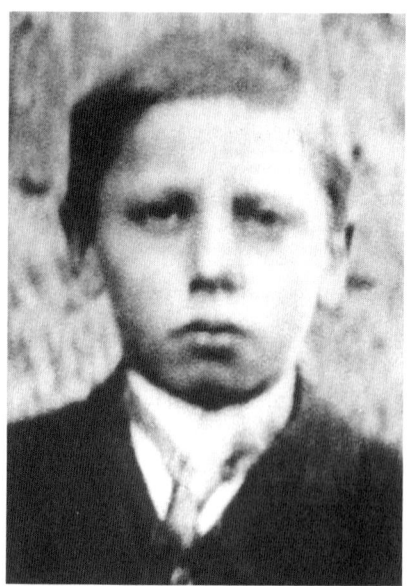

1912 – der vierzehnjährige Schüler Nikolaus Groß

Die elfjährige Schülerin Elisabeth Koch, spätere Ehefrau von Nikolaus Groß

wird in „Betragen, Aufmerksamkeit und Fleiß" das Prädikat „recht gut" zuteil.
Unweit der Schule befindet sich das bis heute imponierende Gotteshaus der katholischen Pfarrkirche St. Mauritius, in der Nikolaus Groß am 2. Oktober 1898 getauft wurde und am 22. Mai 1914 das Sakrament der Firmung erhielt. Hier ging er 1911 auch zur ersten heiligen Kommunion. Und vor dem Altar dieser Kirche schlossen die seit 1921 Verlobten am 24. Mai 1923 die Ehe.
Der noch aus der Romanik stammende Taufstein von St. Mauritius steht heute auf der rechten Seite des neogotischen, reich bemalten Altars. Kirche und Pfarrhaus liegen „am Domplatz" – denn seit seiner Entstehung wurde das aus dem 19. Jahrhundert stammende stattliche Gotteshaus „Dom" genannt, obgleich die Gemeinde auch damals wenig mehr als 4 000 Gläubige gezählt haben dürfte. Gegenüber dem im Mittelalter entstandenen Kirchturm aber liegt – fast versteckt – eine kundig und liebevoll hergerichtete Gedenkstätte, in der die Lebensgeschichte von Nikolaus Groß und die Zeitgeschichte seines Wirkens und Sterbens vor Augen treten. Urkunden,

Dokumente und Fotos – auch solche seiner Schulzeit und seiner Arbeit als Bergmann – bringen den Menschen und Glaubenszeugen auf lebendige und eindringliche Weise nahe.

Die heutige dichte Bebauung von Niederwenigern läßt freilich nur noch wenig von der früheren Ortsstruktur ahnen. Und von den zahlreichen Kleinzechen oder Walzwerken (z. B. Am Kempel) ist heute fast nichts mehr zu sehen. Heute wird die alte Werkstättenlandschaft des Ruhrgebiets ja mehr und mehr zu einer bloßen Erinnerung. Dienstleistungszentren sind an die Stelle der alten Industriestandorte getreten. Aus dem Ruhrgebiet scheint so etwas wie ein einziger Gewerbe- und Freizeitpark zu werden. Frühere Hochöfen werden aufgeschnitten, und „den Besuchern wird ein Blick ins Innere ermöglicht", andere werden in Bürogebäude verwandelt. Einstige Zechenbahnen dienen jetzt als Attraktionen für Einheimische und Touristen. Kurz: Das Ruhrgebiet des 19. und 20. Jahrhunderts beginnt heute immer mehr musealen Charakter anzunehmen. Und wo früher Hunderttausende Arbeitskräfte zuströmten, hat man sich heute teilweise mit Abwanderungsproblemen herumzuschlagen. Vieles ist also „Geschichte"

Schülerinnen und Schüler bei der Entlassung ihres Jahrgangs auf dem Schulhof am „Schuler Berg" von Niederwenigern, März 1912

Heimatpfarrkirche St. Mauritius in Niederwenigern aus dem 19. Jahrhundert (Inneres)

Fest der Trauung 1923 und der „silbernen" Hochzeit der Eltern von Nikolaus Groß

geworden. Um so notwendiger ist es wohl, den Aufbruch der Vorfahren des Nikolaus Groß von der Mosel an die Ruhr in Erinnerung zu bringen. Tatsächlich ist er ja dem ältesten Sohn des Moselaners Groß zum Schicksal geworden. Von der Mosel an die Ruhr: eine Entscheidung, die dem Vater nicht leichtgefallen sein kann. Eine Entscheidung, die das Leben des Sohnes, sein Leben und Sterben, wesentlich mitbestimmt hat.

Der Arbeiter

Im ganzen Leben des katholischen Gewerkschaftssekretärs Nikolaus Groß riecht es nach Arbeit. Liest man seinen Namen, so muß man an die Achtstundenschichten des Zechenalltags denken: die der Schlepper, „Wagenstößer", Zieher, „Anschläger" – und an die Gesteins- und Kohlenhauer, an die Lohn- und Belegschaftslisten, an Hitze und Gefahr in den Stollen der Bergwerke, an den Qualm von Schornsteinen, Hütten- und Walzwerken. Denn dies alles verbindet sich mit dem Namen des späteren Mitglieds der christlichen Gewerkschaften.

Für die Rechte der Lohnabhängigen hat er gekämpft, ohne zu vergessen, daß sie „nicht vom Brot allein lebten, sondern auch von jedem Wort, das aus dem Munde Gottes kommt" (Matthäus 4,4). Auch am Schreibtisch war er ein Arbeiter – stetig, diszipliniert, klar im Kopf und fürsorglich für alle ihm anvertrauten Menschen. Dabei hielt sich Groß gern im Hintergrund: Er kannte und beachtete seine Grenzen. Nie lag ihm daran, „eine Rolle zu spielen". Wer ihn kannte, lobt seine Bescheidenheit. Für ihn stand stets die Sache der *Arbeiter* im Vordergrund. Wer Fotos betrachtet, stellt fest, daß sich Nikolaus Groß nicht selten am Bildrand aufhält – es lag ihm offenbar wenig daran, in der Mitte zu stehen. Tatsächlich schrieb er selbst einmal: „Ich stehe nicht gerne vorn."

Auch der spätere Redakteur der „Westdeutschen Arbeiterzeitung" und der „Ketteler-Wacht" verstand es, sich in Situationen äußerster Gefährdung völlig auf seine Arbeit zu konzentrieren. Zwei zentrale Veröffentlichungen – nämlich seine „Glaubenslehre" (1943) und das bei seiner Verhaftung im August 1944 vorliegende Manuskript über „Sieben um einen Tisch" („Alltag einer kinderreichen Familie") – entstanden in der Zeit verheerender Bombenangriffe auf Köln, davon allein acht schwere und schwerste, so daß die Stadt schon 1944 ein Bild völliger Verwüstung bot. Diese Jahre waren für Nikolaus Groß ohnehin eine Zeit starker seelischer Belastung. Denn bereits nach der Einberufung von Bernhard Letterhaus zum Heer und der Verhaftung des Verbandsvorsitzenden der KAB, Joseph Joos, lag die ganze Verantwortung für die ideelle und personale Weiterexistenz des Verbandes auf ihm allein.

Man sollte festhalten: Als Nikolaus Groß wenige Monate nach dem gewaltsamen Tod seines Mitstreiters und Freundes Bernhard Letterhaus die Vernichtungswut der nationalsozialistischen Mordunternehmer traf,

Die Sache der Arbeiter stand für ihn im Vordergrund – Nikolaus Groß 1934 (Köln)

töteten ihre Vollstrecker einen *Arbeiter* – und das waren die Mitglieder einer Organisation, die sich vorgeblich eine „Arbeiterpartei" (NSDAP) nannte ...

Doch um zu den Anfängen seiner Arbeit als Bergmann zurückzukommen: Nach seiner Volksschulzeit nahm der 14jährige Nikolaus Groß „Arbeit auf dem Blechwalz- und Röhrenwerk W. von der Weppen in Altendorf Ruhr an". In einem Lebensbericht schreibt Nikolaus Groß: „... dort selbst [in Altendorf] war ich bis zum 31. Dezember 1914 beschäftigt. Am ersten Januar wurde ich als Schlepper auf der Zeche ‚Dahlhausener Tiefbau' angelegt. Am 31. März 1919 wechselte ich mit dem Befähigungszeugnis als Kohlenhauer meine Arbeitsstelle und wurde auf der Zeche ‚Aufgottgewagt und Ungewiß' als Kohlenhauer neu angelegt." Denn Bergmann zu werden war Nikolaus Groß' Berufswunsch. Doch damals wurden Jugendliche, die das 16. Lebensjahr noch nicht vollendet hatten, in sogenannten Anlernwerkstätten „über Tage" beschäftigt. Wenn sie später in die Grube kamen, waren sie mit den meisten Geräten und Maschinen des Untertagebaus vertraut. Nach der 1914 erfolgten Stillegung der Schachtanlage Altendorf (heute Burg Altendorf) wurde der Abbau des noch anstehenden Kohlevorrats von

Junge Bergleute in einer Anlernwerkstätte

der „Ver. Dahlhausener Tiefbau" durchgeführt. Damals reichten die Fettkohlenvorräte etwa bis zu 500 Metern Tiefe.
Schnell lernte Nikolaus Groß das harte, entbehrungsreiche und karg entlohnte Arbeitsleben in den Bergwerken kennen: das Niederbringen eines Schachtes, die Kohleablagerungen im Flöz, die Kohlenarten, den Ausbau von Hohlräumen oder das Anfahren an die Arbeitsstätte, die Bedeutung von Streb und Strecke, Täufe (Tiefe) und das Gezähe (Handwerkszeug des Hauers). Er hörte den Lärm der Abbauhämmer, Keilhaue, der Bohrer und Hacken. Natürlich wurde er auch mit „der Fachsprache" der Bergleute vertraut. Er bekam mit den täglichen Gefahren seines Berufs und dem Schweiß, den die Arbeiter in der Hitze der Stollen vergossen, zu tun. Er lernte Bezeichnungen wie Schichtenzettel, Lohnlisten und Abrechnungen von Arbeitstagen verstehen. Das war jenes „Einmaleins" seiner Kenntnisse und Erfahrungen, das ihn nicht lange danach für die dringend notwendige Verbesserung der Lebensbedingungen der Arbeiter eintreten ließ. Weil es an Arbeitern unter Tage fehlte, wurde Groß im Gegensatz zu seinem Kollegen Letterhaus vom Kriegsdienst befreit. So schloß er sich bereits 1917 dem „Gewerkverein christlicher Bergarbeiter Deutschlands" an und trat nicht lange danach in den „Antonius Knappen- und Arbeiterverein von Niederwenigern" ein. Man kann annehmen, daß – wie häufig – die Anregung zum Eintritt in die christlichen Arbeitervereine von den damaligen Pfarrern und „Präsides" ausging.
Die erwähnte Groß-Gedenkstätte in Niederwenigern bewahrt noch das Arbeitsbuch des Hauers Nikolaus Groß bei der Zeche „Dahlhausener Tiefbau" (Essener Steinkohlenwerke AG) auf. Am 25. Mai 1919 erhielt Groß zum Beispiel für den Monat April nach Abzug von Beiträgen zur Pensions-, Krankenkassen- und Altersversicherung sowie nach zusätzlichen Abschlägen 296,80 Reichsmark ...
Freilich wurde das Ruhrgebiet nicht nur zum Lebensraum der Arbeit oder zu einem „Schmelztiegel" von Menschen verschiedenster Herkunft, der seine Arbeiter und ihre Angehörigen zu einer anonymen Masse verschmolz. In Siedlungen und Zechenkolonien bildeten sich auch neue Gemeinschaften heraus, die Geselligkeit boten und in vielen Fällen zu einer Art selbständiger „Ruhrgebietssprache" führten. Im katholischen Umfeld boten die Pfarreien eine geistige und soziale Heimat – ohne nach der Herkunft zu fragen. Und so konnte auch der Vater des Nikolaus Groß, obgleich er von der Mosel kam, in Niederwenigern eine Feuerwehr gründen, der er als Feuerwehrhauptmann vorstand.

Kohle-Förderung: Arbeit eines Schleppers in einer Abbaustrecke

Die wachsende Nähe zu den Zusammenschlüssen christlicher Arbeitervereine führte den Sohn Nikolaus schließlich in den Dienst dieser Organisationen, nachdem er die „knapp bemessene" Freizeit für seine Weiterbildung genutzt hatte. Seit 1917 war Groß Mitglied des Gewerkvereins christlicher Bergarbeiter, und mit 22 Jahren wurde er Jugendsekretär dieses Vereins in Oberhausen. Ein Jahr später kam er in die Essener Zentrale der christlichen Gewerkschaften. Zugleich bildete er sich als Redakteur in der Redaktion des „Bergknappen" aus. 1922 wurde Groß als Gewerkschaftssekretär in das schlesische Waldenburg geschickt. Dort wartete eine schwierige Arbeit auf ihn. Nach einer Zeit des Aufstiegs und wachsender Mitgliederzahlen im westdeutschen Verband (damals 220 000 Mitglieder) sank die Zahl bis 1925 auf etwa 173 000. Politische Richtungskämpfe führten zu fast lebensgefährlichen Auseinandersetzungen, und Elisabeth Groß hatte allen Grund, sich um das Leben ihres Mannes Sorgen zu machen.

In die Inflationszeit, die Zeit der totalen Geldentwertung, fiel der Wechsel von Nikolaus Groß nach Zwickau; er wurde Bezirkssekretär der christlichen Gewerkschaften für das südliche Sachsen. Danach kehrte er als

Den Industriearbeiter religiös festigen und in Staat wie Gesellschaft integrieren – Nikolaus Groß schrieb ein entscheidendes Kapitel der Arbeiterbewegung

Sekretär der christlichen Gewerkschaften in das Ruhrgebiet zurück: Jetzt hatte er weniger mit Tariffragen als mit Fragen des Rechtsschutzes und der Rechtsberatung zu tun, zum Beispiel in Bottrop.
Doch Nikolaus Groß blieb in seinem Selbstverständnis auch als Angestellter der Gewerkschaften ein Arbeiter. Zunehmend konzentrierte er sich allerdings auf die staatsbürgerliche und religiöse Bildungsarbeit. Sollte sich der religiös gebundene Arbeiter in seiner Umwelt (die ja oft eine gesinnungsfremde war) behaupten, so mußte man ihn stärken, und das heißt ausbilden und schulen. Wie auch späterhin hatte man sich aller möglichen Versuchungen zum politischen Radikalismus zu erwehren. Das bedeutete eine klare Absage „an alle klassenkämpferischen Vorstellungen". Man mußte den Industriearbeiter in Staat und Gesellschaft integrieren und ihm einen „gleichberechtigten Platz neben anderen Ständen" verschaffen (Jürgen Aretz).
Auf Groß trifft ebenso wie auf Letterhaus zu, was Joseph Joos 1957 geäußert hat: „Beide waren Sekretäre und nicht Funktionäre, sondern führende Persönlichkeiten... Sie wollten mithelfen, den Arbeiter geistig zu bereichern, und ihm herauszusteigen helfen aus der Nacht des Nichtwissens, des Nichtverstehens." Ja, sie wollten einen „neuen Typus von Arbeiter schaffen, fähig, eine neue Gesellschaft zu tragen".
Groß tat seine Arbeit unter oft extremen körperlichen Bedingungen. Joseph Joos schreibt: „Er hatte ein schweres, fast tödliches Magenleiden. Ich sah ihn aber jeden Tag an seinem Arbeitstisch. Groß krümmte sich vor Schmerzen, die er ausstand, bis es später zu einer glücklichen Operation kam. Er hat es still getragen und seine Pflicht bis zum äußersten erfüllt. Und er wünschte nicht, daß man ihn bemitleidete." Inzwischen hatte Groß probeweise die Schriftleitung der „Westdeutschen Arbeiterzeitung" (WAZ) übernommen – des Verbandsorgans der Westdeutschen Arbeitervereine. Zu diesem Zeitpunkt besaß das Wochenblatt eine Auflage von etwa 170 000 Exemplaren. Mit der Verlegung der Verbandszentrale begann Groß seine journalistische und verbandliche Arbeit im Kettelerhaus, Köln, Odenkirchener Straße 26 / Rheydter Straße 6, wo er bis zu seiner Verhaftung am 12. August 1944 auch mit seiner Familie wohnte.
Der Arbeiter Nikolaus Groß stand sein ganzes Leben für die Arbeiter ein. „Denn er hatte erkannt, daß die sozialen, politischen und kirchlichen Probleme, die die Arbeiter berührten, nicht allein und auch nicht in erster Linie durch die Lösung von Einzelfragen zu bewältigen waren, sondern daß es vielfach an grundsätzlichen Voraussetzungen mangelte – daß vor allem die

Arbeiter in noch größerem Maße befähigt werden mußten, *selbst* zu handeln" (Jürgen Aretz). Ob nun im Ruhrgebiet, in Schlesien, Sachsen oder im Rheinland – Nikolaus Groß hat auf solche Weise ein entscheidendes Kapitel der Arbeiterbewegung mitgeschrieben: zuletzt mit seinem Blut.

„Sieben um einen Tisch"

„Dieses ist das Buch eines Vaters über seine sieben Kinder und über sich selbst. Es soll hier vom Alltag einer kinderreichen Familie erzählt sein." Mit diesen Worten führt Nikolaus Groß das im August 1944 beendete Manuskript mit dem Titel „Sieben um einen Tisch" ein, das kurz nach dem Krieg als Buch erscheinen konnte – damals war Groß schon wie viele andere das Opfer der nationalsozialistischen Mordjustiz geworden; und da Hitler – wie bei zahlreichen anderen zum Tode Verurteilten – die Einäscherung der Leiche sowie das „Verstreuen der Asche auf den Feldern um Berlin" angeordnet hatte, besaß die Familie Groß kein Grab, zu dem sie später hätte gehen können. Auf diese Weise wurde das Buch „Sieben um einen Tisch" zu einem Vermächtnis für die nächsten Angehörigen und gewissermaßen zu einer Art von Gedenkstätte. Ja, vielleicht blieb das Andenken an den Ehemann und Vater auf diese Weise lebendiger, als es durch ein Grab je hätte geschehen können. Tatsächlich ist das Leben des Nikolaus Groß allen sieben vor allem als Tischgemeinschaft in lebendigster Erinnerung geblieben.

Aus der 1923 geschlossenen Ehe mit Elisabeth, geb. Koch, gingen von 1924 bis 1939 sieben Kinder (vier Töchter und drei Söhne) hervor. Da Nikolaus Groß seit 1929 seinen Kölner Arbeitsplatz gegenüber der Wohnung hatte, konnte er – wenn nicht auf Reisen – jeden Mittag zur festgesetzten Zeit mit seiner Frau und den Kindern gemeinsam essen. Gewöhnlich war es etwa die Zeit um halb ein Uhr mittags. „Die Tischgemeinschaft war den Eltern ganz wichtig" (Bernhard Groß). Das Essen war also weit mehr als eine bloße „Nahrungsaufnahme". Man sprach ausgiebig miteinander, und die Kinder konnten ihre Tageserlebnisse, aber auch ihren Kummer erzählen. Der Vater (so berichtet der zweitjüngste Sohn Bernhard Groß) mischte sich weniger ins Gespräch ein („er griff nicht ein"). Seine *Sache* war es – und dies aufmerksam – zuzuhören: selbst dann, wenn er nach dem Essen scheinbar nur mit seiner Zeitungslektüre beschäftigt war. Denn fragte ihn einer, so hatte er „alles mitbekommen". Es heißt, daß der Vater strenger als die Mutter sein konnte, die vor allem „auszugleichen" suchte. Doch keines der Kinder kann sich an einen wesentlichen Streit der Eltern erinnern. Differenzen trugen sie offenbar allein miteinander aus.

In Köln hatte sich Nikolaus Groß im gegenüberliegenden Gebäude seinen Schreibtisch so stellen lassen, daß er durch das Fenster seiner Redaktionsräume die eigenen Kinder auf dem Hof wahrnehmen konnte, und so wußte

Die sieben Geschwister 1942 – v. l. n. r.: Alexander, Marianne, Leni, Berny, Liesel, Klaus und Bernhard

er manchmal schon vor dem mittäglichen Zusammensein, was es an diesem Tag mit seinen Sprößlingen auf sich hatte. Freilich blieb er stets ein Mensch der Güte. Auch sein – manchmal versteckter – Humor kam an den Tag. Er lachte wenig, wenn aber, dann schallend. Gewöhnlich, wenn Groß sich rasierte, blieb die Tür des Badezimmers verschlossen. Am Tag der Zeugnisübergabe aber stand sie offen, und er sang mit kräftiger Stimme die erste Strophe der Allerseelen-Sequenz „Dies irae, dies illa: Tag des Zornes, Tag der Zähren". Wahrscheinlich erinnerte er sich dabei auch seiner eigenen Schulzeit, als sein Vater am Ende der Noten sein „gesehen – Nikolaus Groß" unter das Zeugnis zu setzen hatte. Vielleicht sah er auch sein Zeugnisheft vor sich, das auf der Innenseite des Umschlags unter anderem ein gedrucktes, noch heute aktuelles „Wort an die Eltern" enthielt. Die unbekannten Verfasser dieses „Vorworts" wiesen damals eindringlich darauf hin, daß die Erziehung eine gemeinsame Aufgabe von Eltern und Lehrern sei und nicht allein der Schulleitung und ihren Mitarbeitern überlassen bleiben könne ...

„Sieben Kinder um einen Tisch! Mit keinem Mächtigen und Großen der

Erde tausche ich meinen Platz. Mag der Andere auch viele Tische haben, die seine Wohnung füllen, sie können meinen Neid nicht wecken, wenn nur einer mit dem Notwendigen gedeckt bleibt ... Keiner, dem der Reichtum der Erde und die Ehre der Menschen zugefallen ist, kann mehr besitzen, als ich besitze, wenn ich die Sieben, froh und gesund an Leib und Seele, um mich versammelt habe."

Das bemerkt Nikolaus Groß im ersten Kapitel seines Buches. Es gibt Erfahrungen wieder, und es ist nicht das Buch eines Erziehungstheoretikers. Sichtlich ist hier *Erlebtes* bedacht und niedergeschrieben worden. Das Buch atmet und lebt – denn es beschreibt mit bemerkenswerter Einfühlung in die eigenen Kinder ihren und den Alltag von Vater und Mutter. Und es stellt ehrliche Fragen nach dem „Erziehungsgeschäft" – also nach dem Verhältnis von Kindern und Erwachsenen. Darüber hinaus versucht es Antworten auf Fragen zu geben, die Eltern nicht nur an ihre Kinder, sondern auch an sich selbst zu stellen haben.

Wenn die Kinder den Vater und die Mutter natürlich auch sehr verschieden wahrgenommen haben – sie fühlten, daß jeder für sich ernst genommen und ihr Heranwachsen aufmerksam und liebevoll begleitet wurde. Hier haben Eltern ein realistisches „Erziehungskonzept" zu verwirklichen versucht und nach Wegen gesucht, Kindern wie Heranwachsenden notwendige Grenzen zu setzen und sie doch nicht einzuengen. Sie haben versucht, Freiheit, Selbständigkeit, Lebensfreude und ungeheuchelte Frömmigkeit wachsen zu lassen. Gerade deshalb ist dies Buch eine der schlichtesten und glaubwürdigsten Erziehungsschriften geworden, die heute bekannt sind.

Klaus, Berny, Marianne, Liesel, Alexander, Bernhard und Leni – Nikolaus Groß und seine Frau Elisabeth haben ihre in den Jahren 1924 bis 1939 geborenen sieben Kinder als eine Art Symbol verstanden, als ein „Siebengestirn" und damit als eine Verheißung, aber auch Weisung, die ihnen der Schöpfer aufgetragen hatte. Der Gewerkschaftssekretär und Redakteur einer Arbeiterzeitung bekam natürlich in manches Arbeiterleben Einblick: seine guten und seine schlimmen Seiten. Er wußte auch, wie Ehefrauen manchmal ihre Männer am Löhnungstag davor zu bewahren hatten, den Lohn in einer der vielen Ruhrgebietskneipen zu vertrinken, und sie auch deshalb an diesem Tag vor den Zechentoren abholten. Groß kannte also aus eigener Anschauung die finanziellen und sozialen Realitäten der Arbeiterhaushalte und die Schwächen der Menschen.

„Jeder Tag hat seine Hiobsbotschaften und Ereignisse der Freude, seine Sorgen und Versuchungen, seine hereinbrechenden Enttäuschungen und tapfer erkämpften Erfolge. Der Schnürsenkel, der sich dem Jungen gerade in dem Augenblick verhedderte, als die Uhr bereits mahnend den nahen Beginn der Schulstunde anzeigte, spielt darin genauso eine Rolle, wie es die Zahnarztrechnung tut, der Geburtstagswunsch, das neue Schulbuch und die Hinlenkung des Sinnes auf den Ewigen. Zur Bewältigung des Alltags gehört der Flicklappen für die zerrissene Hose nicht weniger als der Einkauf des täglichen Brotes, das Medikament gegen das heftige Kinderfieber nicht weniger als die tägliche Mahnung, mit dem Gartentor nicht Karussell zu fahren. In diesen Alltag webt die Schule ihre Fäden hinein, und die Straße legt ihre Fallstricke: das Gute blüht in ihm auf, und das Böse macht sich breit. Was es auch immer an Erscheinungen und Äußerungen des Lebens geben mag, freud- und leidvolle, erhebende und niederdrückende, fördernde und hindernde – von jeder findet sich eine Unze oder ein faustgroßes Stück in den Alltag von sieben Kindern eingesprengt, wie die Erzspur in den Sandstein" (Seite 39).

Das Buch „Sieben um einen Tisch" redet auch von den jungen Gästen des Hauses. Es redet vom eigenen Älterwerden, und es spricht von Unsicher-

*Nikolaus und Elisabeth Groß mit den „Groß-Eltern" und Kindern
(v. l. n. r.: Klaus, Marianne und Berny)*

"Liebste Mutter und liebe Kinder" – Nikolaus Groß trennte das eine nicht vom anderen. Elisabeth Groß mit Sohn Bernhard.

heit und Bewährung. Es redet von Seelen und Leibern der Kinder, ihren Augen und Händen, von ihren Wünschen. Und es spricht von den Prüfungen des Lebens, von den Freuden und Lebensträumen der Kinder. Es wirft einen Blick auf ihre Schulfreunde, und es spricht besonders von der eigenen Familiengemeinschaft. Und es schildert nicht zuletzt die Atmosphäre des Glaubens und Vertrauens sowie den gemeinsamen Weg der Eltern und Kinder, die auszutragende Verschiedenheit der Generationen. Es beschreibt den hohen Einsatz der Erziehung, und das heißt jenes Leben, das immer in Bewegung bleibt und nicht grämlich, autoritär oder eng gelebt werden darf.

„Noch heute steht das graue Haus mit dem Flachdach, in das Nikolaus Groß mit seiner jungen Familie im Jahr 1930 einzog. Im geräumigsten Zimmer des grauen Hauses, dort, wo von der Treppe her der Zugang ist und die Küche aus guten Gründen nebenan liegt, stand der große rechteckige Tisch in der Mitte des Zimmers. An der Ecke, die dem Eingang gegenüber liegt, schaute der Gekreuzigte (aus dem ‚Herrgottswinkel') immer auf diesen Tisch. An ihm versammelte sich die Familie zu den Mahlzeiten. Nikolaus Groß saß an der Seite zum Kreuz hin: hinter und über ihm das Bild und die Autorität des Gekreuzigten" (Hermann-Josef Schmitt).

Doch eines Tages blieben von diesem Tisch nur Trümmer übrig. „Nach einer Angriffsnacht fanden wir den Tisch, der uns treu gedient und unsere Zuneigung erworben hatte, zerschmettert am Boden. Ein mächtiger Steinblock, durch eine Fliegerbombe gelöst und fortgeschleudert, hatte ihn ... ausgelöscht" (Nikolaus Groß). War das Ende dieses „geliebten Möbels" auch ein Vorzeichen für den Tod des Familienvaters, des Christen und Blutzeugen Groß?

Zu Beginn des ersten Kapitels beschreibt Nikolaus Groß die Zahl Sieben als seine Lieblingszahl, die er allerdings mit ihrem Stand- und dem angewinkelten Querbalken „auf fatale Weise in die Nähe eines Galgens" gerückt sieht. Vorahnung oder Selbstprophetie?

Elisabeth Groß, die Mutter der sieben, war die glaubwürdige Verkörperung von Liebe, Zuneigung und Wärme. Sie stellte sich, wenn äußere Umstände es notwendig machten, „vor ihre Kinder". Sie bot den Ihren Schutz und Zuwendung. Der Ehemann und Vater aber stand bei ihren Überlegungen ganz oben: „Er wurde am Tisch zuerst bedacht, dann erst kamen die Kinder" (Bernhard Groß). Zeitweise benötigte Nikolaus Groß wegen seiner Magenkrankheit – er war nie ein physisch kräftiger Mensch – besondere Kost. Eine Weile lebensgefährlich krank, mußte er sich bereits 1937 einer Operation unterziehen, und zum Dank für die Genesung unternahmen die Eheleute im gleichen Jahr eine Reise nach Rom. Die Ehefrau umsorgte ihren Mann deshalb besonders aufmerksam. Sie spürte ja handgreiflich, welche Last der Verantwortung er mit seiner Stellung und Tätigkeit zu tragen hatte. Kirchenfeste oder zum Beispiel die Erstkommunion wurde mit großem Nachdruck festlich begangen.

Selbst in der Zelle von Tegel sitzen seine Frau und die „sieben" noch immer an seinem Tisch. Denn ständig wohnen sie mit ihm im Haus seiner Gedanken. Ja, je mehr die Bedrängnisse sich steigern und je mehr ihm sein möglicherweise gewaltsames Ende gewiß wird, desto stärker wächst sein Vertrauen auf den Willen Gottes, jenes Vaters, der „alles im Auge hat", auch das Schicksal seiner Familie. „Außer Gott füllt nur ihr meine Gedanken aus" (Haftbrief vom 5. November 1944).

„Allerliebste Frau und Mutter"

„Ich werde zeit meines Lebens nicht aufhören, Deiner zu gedenken und Dich zu lieben und für Dich zu beten ... Gottes Segen mit Dir und den Kindern."
Diese Zeilen schreibt der Häftling Nikolaus Groß 17 Tage vor seiner Hinrichtung im „Todeshaus" der Strafanstalt Plötzensee an seine Frau und „ihr lieben und guten Kinder alle". Seine Frau ist, wie er – der sonst mit Worten oft so sparsame Mann – schreibt, seine „liebste Herzensmutter". Und ihre Lebenstapferkeit ist es, die seine Tage und Wochen in der Gefängniszelle, aber auch seinen endgültigen Abschied „hell macht".
Am Silvesterabend 1920 haben sie sich kennengelernt, vermutlich aus Anlaß der Aufführung einer Laienspielschar in Niederwenigern. Nach der Verlobung im Jahr 1921 heiratete Nikolaus Groß die zweieinhalb Jahre jüngere Frau aus dem gleichen Ort. Noch am 31. Dezember 1944 im Gefängnis Tegel schreibt er: „Meine Gedanken gehen zurück bis zum Altjahrsabend 1920, also vor 24 Jahren, wo wir uns, liebste Lisbeth, fanden und kennenlernten. Wieviel umfassen diese 24 Jahre." Das Fest der Hochzeit wurde mit dem der Silberhochzeit der Eltern des Bräutigams verbunden. Doch schon am nächsten Tag mußte Nikolaus Groß aus Berufsgründen nach Berlin reisen.
Überhaupt war der Ehemann zu seinem Leidwesen viel unterwegs: „Mußten da sich (Lohn-)Verhandlungen bis in die Nacht hinzogen, hier übernachten." So verlautete es bereits auf den ersten Postkarten an seine Verlobte. „In Berlin gut angekommen. Muß aber bis morgen hier bleiben" (11. Juni 1923). „Liege fast den ganzen Monat auf der Bahn" (19. Oktober 1922). Wie sein Freund und Kollege Bernhard Letterhaus war er oft in Zügen unterwegs. Und wie er lebte auch Nikolaus Groß „unterwegs": auf Straßen und Schienen, in U-Bahnen und mit Fahrplänen und Terminkalendern. Auch deshalb gingen besonders bis 1929 so viele Karten und Briefe an Elisabeth Groß und die Kinder; der räumliche Abstand wollte überbrückt sein. Doch selbst in vielen Kilometern Entfernung richteten sich die Gedanken des Nikolaus Groß „innig und leidenschaftlich" an die geliebte Frau und „die lieben Kinder". Eben deshalb begleiteten sie ihn in seinen Gedanken auch in die Zelle und bis vor den Galgen.
Ohne Elisabeth Groß ist das Leben des Arbeiters und Glaubenszeugen Nikolaus Groß nicht zu denken. Häufig spricht er seine Frau als „Mutter"

„Meine Gedanken gehen zurück bis zum Altjahrsabend 1920 ..." – Verlobungsfoto 1921

Nikolaus Groß und seine Frau Elisabeth 1935 im Kölner Garten ihres Hauses, Rheydter Straße 6

an und schließt sich selbst in diese Anrede ein. Dieser liebende Mensch, „mulier fortis", eine im Lauf von 24 Ehejahren immer selbständiger werdende, seelenstarke Frau, war so wenig wie ihr Mann ein Typ, der sich „vorgedrängt" hätte; stets wünschte sie sich nur das eine: zu schützen, zu bewahren, zu lieben und Lasten abzunehmen. Und so erwies sich das Band zwischen beiden auch in der Haftzeit als fest und unzerstörbar. Es ist zu verstehen, daß ihre irdische Gemeinschaft nicht in einem toten, sondern in einem vom Atem der Liebe erfüllten Schweigen endete. Der letzte, als Kassiber hinausgelangte Brief von Nikolaus Groß an seine Frau und seine Kinder ist eine einzige Danksagung an das gemeinsame Leben: ein Trost- und Liebesbrief vom Rang der letzten Schreiben des Thomas Morus an seine Lieblingstochter Margret, seine Ehefrau Alice und seine übrigen Kinder: „Ja Mutter, durch deinen tapferen Abschied hast du ein helles Licht auf meine letzten Lebenstage gegossen. Schöner und glücklicher konnte der Abschluß unserer innigen Liebe nicht sein, als er durch dein starkmütiges Verhalten geworden ist ..." (21. 1. 1945).

Elisabeth Groß hat mit ihrem Mann die Not um den im Krieg vermißten ältesten Sohn Klaus geteilt; er kehrte erst 1948 aus russischer Gefangenschaft nach Hause zurück. Sie teilte die Sorgen der politischen Wirren nach dem Ersten Weltkrieg und die Bedrückung wie auch die mannigfache Behinderung der Wirksamkeit katholischer Arbeitervereine. Sie teilte die Angst vor den ständigen Nachstellungen der Geheimen Staatspolizei, und bei unaufhörlich steigenden Bombenangriffen mußte sie um das Leben ihres Mannes, ihr eigenes und das ihrer Kinder fürchten. Elisabeth Groß bestand auch die Not der Inflationsjahre mit ihrem Gatten. Wer bestimmte Bilder von beiden Eheleuten betrachtet, kann die innere Übereinstimmung verwandter Seelen bei allen Gegensätzen ihrer Natur nicht übersehen. Offenbar ergänzten sie sich in vielfacher Weise. Wie nahe sich diese beiden Partner, wie nahe sie auch den gemeinsamen Kindern standen, das läßt sich an vielen vorhandenen Fotos mühelos ablesen.

Das war sie – die „liebe", oft auch „liebste Elisabeth" oder die „liebe Mutter". Nikolaus Groß aber war der Vater, der seine Frau zeitlebens mit seinen Kindern *zusammen* sah. Ein Beispiel: Das gemeinsame Mittags- und Abendgebet der Familie war ihm selbstverständlich, und natürlich prägte das kirchliche Leben mit seinen Festen und Gedenktagen Kinder und Heranwachsende. „Starken religiösen Halt fand die Familie in der Pfarrgemeinde St. Agnes in Köln" (Elisabeth Pregardier). 1938 beschrieb Nikolaus Groß mit auffälliger Liebe zum Detail die Adventszeit und den Weihnachtsmorgen, den Adventskranz, das Singen der Adventslieder, die Aufstellung der Krippe und die „Krippenstunde mit Gedichten und Liedern". Groß und Letterhaus bauten in einer Art von Wettbewerb jeder für sich ihren Lieben eine Weihnachtskrippe. Noch am 24. Dezember 1944 richtete Nikolaus Groß in einem Brief aus dem Gefängnis folgende Zeilen nach Hause: „Ich erinnere mich, liebste Mutter, der vielen Weihnachtsfeste, die wir gemeinsam gefeiert haben... Meine Hände sind leer... Aber jeden Tag habe ich hunderte Päckchen an euch abgeschickt: Gebete für eine gesegnete und gnadenreiche Weihnacht."

Es ist leicht, sich vorzustellen, wie es zuging, wenn Nikolaus Groß nach einer längeren Abwesenheit im Krankenhaus oder nach einem Kuraufenthalt an einem der Kölner Kais vom „Schnelldampfer" oder vom Hauptbahnhof abgeholt wurde. Der Heimkehrer hatte natürlich Briefe, „Sammelbriefe" und Postkarten an seine Frau und die Kinder gerichtet: Keiner wurde vergessen. Viele Jahre später ließ Groß zum Beispiel einen „Rundbrief Nummer 1 an alle Großens fern von Köln" (2. Juli 1944) richten: „Liebe Kinder. Nun, da wir in ‚alle Welt' verstreut sind, wollen wir darauf achten, daß das Band nicht zerreißt, das uns in unserer Familie zusammenhält und an das Elternhaus binden soll. Was hier in der Heimat vorgeht, was der Eine oder Andere draußen erlebt und mitteilt, das soll im gemeinsamen Rundbrief getreulich verzeichnet und den Einzelnen – an Ost- und Bodensee, an Ruhr oder Sieg – mitgeteilt werden." – „Am 9. Juli hat Alex Sonntagsdienst für Klaus [den Vermißten], am 16. Juli ist Elisabeth an der Reihe, am 23. muß Bernhard an ihn denken. Keiner darf seinen Sonntag vergessen." Oft heißt es: „Ihr liebe Großens" oder „Ihr liebe Großens – groß und klein". „Hier habt ihr euren Sonntagsgruß" (1937).

Erkennbar steckt in Nikolaus Groß auch ein Erzähler. So schreibt er, wenn ihm eine schwarze Katze über den Weg läuft oder wenn „der dreiste schwarze Geselle" Kuckuck ruft, und er berichtet – wohl um die besorgte Hausfrau zu beruhigen – aus dem Sanatorium Bad Kissingen im Jahr 1934 über das gute Essen, die Speisekarte „nach dem Brunnentrinken", aber auch „die Gottesgaben aus dem Schwesternhaus und das Frühstück samt den ‚großen Schnitzeln'".

Oder er beschreibt zum Beispiel das Schenkelstück eines gebratenen Huhns und genauso liebevoll den Spinat wie den Spargel. Und dann heißt es:

Klar im Kopf und fürsorglich für alle ihm Anvertrauten –
der Redakteur Groß, etwa 1929

„Nonnen sind dafür bekannt, daß sie gut zu kochen verstehen." Groß beschreibt minutiös schließlich den Speisezettel, „damit Mutter beruhigt ist und nicht glaubt, ich müßte hier hungern" (Bad Homburg, 25. Mai 1937). Er schildert aber auch „das schöne wechselnde Farbenspiel des Himmels" der warmen Sommerabende sowie die Klänge der Abendkonzerte „vom nahen Kurgarten".
Da ist also viel – auch versteckter – Humor, da ist viel Heiterkeit zu spüren. Er notiert, ein Foto von Balkonaufnahmen zeige den Kurgast Nikolaus Groß, „wo ich mich über die Balkonbrüstung lehne und es beinahe so aussieht, als wenn ein berühmter Mann – Heldentenor oder etwas ähnliches – sich aus dem D-Zug lehnt und von seiner begeisterten Menge Abschied nimmt". Ein anderes Mal wiederum wird er nicht müde, die Körperfülle eines „Zimmerkumpels" zu beschreiben, die er „sogar hinter Fleischschüsseln und Suppenterrinen zu verstecken" suche. – Am Tisch „sitzen lauter Damen um mich herum". Bei dieser Gelegenheit erinnert sich Groß denn auch an Wilhelm Busch und seinen Spruch: „Wer einsam ist, der hat es gut, weil keiner da ist, der ihm was tut." – „Weil es Wilhelm Busch gesagt hat und ich mich daran halte, tut mir auch keine der Damen etwas. Ich ihnen auch nicht. Gebrochene Herzen wird es nicht geben, wenn ich wieder das Dampfroß besteige und gen Köln fahre" (28. September 1934). Groß beschreibt aber auch ausführlicher seine Lektüre: „Stifter, Grillparzer, Hebbel, Eichendorff, Hoffmann u. a.".
Elisabeth Groß war akribisch darauf bedacht, „daß für ihn gesorgt war" (Bernhard Groß). – Und so schrieb ihr Mann, um sie zu schonen, noch in der Haft, daß er „für den Magen in Tegel eine eigene Kost bekomme" – eine nach Kenntnis der damaligen Umstände höchst zweifelhafte Äußerung. Ein andermal teilt Groß mit, daß ihm seine „Brille gefallen" sei: vermutlich eine schonende Umschreibung für die Verhöre, bei denen man ihm die Brille zerschlagen hatte. Als er schließlich von seiner Frau eine Ersatzbrille zugeschickt bekommen kann, bedankt er sich ausführlich. Zuletzt benötigte er sie nicht mehr ...
Wie kam die Witwe von Nikolaus Groß nach dem Krieg mit ihren sieben Kindern zurecht? Sie mußte ja eine große Kinderschar allein versorgen, ernähren und kleiden. Manchmal wußte sie nicht, wie es am nächsten Tag weitergehen solle. „Aber immer dann, wenn es nicht weiterging, sagte meine Mutter: ‚Gott hat wiederum wunderbar geholfen.' Freilich hat es unsere Mutter tief verletzt, daß die Witwe des Volksgerichtshofspräsidenten und Blutrichters Roland Freisler eine hohe Beamtenpension bekam.

Elisabeth Groß
geb. Koch

* 11. März 1901   † 21. Februar 1972

Ohne sie sind das Leben und bekenntnistreue Sterben des Glaubenszeugen Nikolaus Groß nicht zu denken – Totenzettel für Elisabeth Groß (1972)

Wohingegen die Witwen der Hingerichteten um ihre berechtigten Ansprüche lange, zum Teil erfolglos, kämpfen mußten. Auch den Witwen der in Nürnberg hingerichteten Kriegsverbrecher bescherte der Rechtsstaat im Nachkriegsdeutschland hohe Pensionen und damit ein sorgenfreies Leben" (Bernhard Groß).

„Die wirtschaftliche Situation unserer Familie hat sich wahrscheinlich kaum von der anderer Familien unterschieden. Die Not war zu dieser Zeit unvorstellbar. Die Menschen hungerten, Millionen waren auf der Flucht. Sicher ist, daß die geringe Rente, die auch erst spät einsetzte, nicht ausreichte, die Familie zu ernähren. Über längere Zeit haben wir in unserem Hause Zimmer vermietet, und meine Mutter hat mit Näharbeiten Geld dazuverdient. Für meine Mutter war es sicher eine tröstliche Erfahrung, daß sie von guten Freunden ihres Mannes nicht verlassen war, unter ihnen auch etliche Priester. Viele haben mit Lebensmitteln, Kleidung und Hausbrand geholfen. ‚Wenn die Not am größten, ist Gottes Hilf' am nächsten.' Dieser Spruch ist in dieser Zeit in unserer Familie oft gefallen" (Bernhard Groß).

Auch der frühere, in die Vereinigten Staaten emigrierte Reichskanzler Heinrich Brüning sorgte dafür, „daß die Familie eine Zeitlang in den Genuß von Carepaketen kam". Seit 1946 haben sich dann staatliche Organe zusammen mit der Würdigung des Widerstandes gegen Hitler um den Rang und die Bedeutung des Nikolaus Groß gekümmert. Dazu gehörten unter anderem verschiedene Kanzler und Bundespräsidenten. Auch die Witwe erfuhr im Lauf der späteren Jahre ein Reihe von Ehrungen, und sie konnte noch erleben, daß vor allem in Westdeutschland eine Reihe von Straßen und Schulen nach dem Namen ihres verstorbenen Mannes benannt wurden. Natürlich hat Elisabeth Groß ihren Mann auch nach dem Krieg sehr entbehrt. Doch sie versuchte, in seinem Sinn weiterzuwirken. Nicht selten hörte man sie sagen: „Wie würde Vater jetzt handeln, und was würde er sagen?"

Am 21. Februar 1972 – 27 Jahre nach dem Tod ihres Mannes – starb Elisabeth Groß im Kölner Marien-Hospital/Kunibertskloster 13. An diesem Vormittag waren alle ihre Kinder bei ihr. „Die Mutter schlief friedlich ein." Bis dahin wollten ihr die Kinder zu verstehen geben: „Wir sind alle bei Dir", und deshalb zogen alle „Großens" in das Krankenhaus, um ständig, „bei Tag und Nacht", in ihrer Nähe zu sein. Vielleicht brachten sie es einfach nicht fertig, ihre Mutter loszulassen. Eine erfahrene Krankenschwester und Ordensfrau sagte: „So geht das nicht – nur einer bleibt da." Erst in diesem Augenblick konnte Elisabeth Groß sterben. Um 9.50 Uhr „gab sie ihre Seele in die Hand des Schöpfers zurück" (Totenzettel). Elisabeth Groß liegt auf dem Kölner Friedhof Melaten begraben: „Mitte, Flur 35 / Nr. 206 bis 7". Neben ihrem stehen der Name und Vorname ihres Ehemannes auf dem Gedenkkreuz.

„Unser Herz betet"

„Unser Herz betet" – dieser Satz steht im Zentrum der Glaubenslehre „Unter heiligen Zeichen". Nikolaus Groß hat ihn im Kriegsjahr 1943 niedergeschrieben. Sein Leben und Sterben waren buchstäblich von diesem Satz geprägt. Es ist *seine* Stimme, die hier redet. Das Manuskript sollte ursprünglich als „Notbuch" (Theodor Hüpgens) noch im Krieg erscheinen – es kam nicht dazu. Dies Buch ist nicht das Ergebnis einer „Kommissionsarbeit". „Aus allem, was da niedergeschrieben wurde, spricht er selbst" (Hubert Mockenhaupt). Und der Verfasser hat „ausprobiert", was er beschreibt.

Die Glaubenslehre des Nikolaus Groß ist „einfach" (nicht einfältig), durchsichtig, deutlich, unmißverständlich – ein Katechismus der Erfahrung: ein Credo, das jeder, der will, bis heute verstehen kann. Freilich spricht es nicht die Sprache eines „Intellektuellen". Es kennt auch nicht jenes Begriffs- und Bildungsdeutsch, das uns gelegentlich selbst in Kirchen „um die Ohren geschlagen" wird. Nikolaus Groß' „Glaubensfibel" besticht weder durch ungewöhnliche Fragen noch Antworten. Aber der Leser hört sein Herz schlagen, er fühlt die lange „Praxis" eines betenden Menschen nach, und er kann sich ihr kaum entziehen.

„Das Herz betet": Groß hat das Gebet bis in den Augenblick seiner Hinrichtung hinein *verwirklicht*; er hat es mit über die Schwelle seines qualvollen Sterbens genommen. Geradezu beschwörend sind seine „Apologie" (Verteidigungsrede) des Betens und seine Hinführung zum Beten, auch in extremen Situationen. Unermüdlich versucht er verständlich zu machen, was Beten sein kann und sein sollte: *das Ganze der eigenen Existenz* vor Gottes Ohr bringen: und das immer wieder, „beharrlich, demütig und vertrauensvoll" (Groß). Wenn Nikolaus Groß über das „Vaterunser" schreibt, hört der Leser die Stimme einer gewissenhaften Natur heraus, die er für seine Kinder zu sein suchte und war. Das Vaterunser bedeutete ihm deshalb das große Gebet der gegenseitigen Verantwortung. Das Schuldbekenntnis des Vaterunsers bekenne „nicht nur die Schuld des einen oder anderen. Vor Gott fühlen wir uns *miteinander* und *füreinander* verantwortlich. – Jesus spricht ja von ‚uns' und ‚allen'." – Was wir hier lesen, kann man eine Theologie des Herzens nennen. Sie stammt von einem frommen Realisten, der ein „Täter des Wortes" (Jakobusbrief 1,22-25) war.

Gefängnispfarrer Peter Buchholz

Das Herz – freudig und traurig, ängstlich und hoffend, bedrückt und befreit, in Dankbarkeit und Bitte – redet sich auch seine Not von der Seele. Groß wußte ja, daß Gott „keinen verläßt, der Ihm treu ist" (21. 1. 1945). Für ihn ist ein Menschenleben, das nicht durch die Erfahrung des Vaterunsers gegangen ist, nur ein halbes Leben.

Das Manuskript „Unter heiligen Zeichen" ist unvollendet geblieben. Doch man darf sagen, daß die noch fehlenden Kapitel „mit dem Blut" geschrieben wurden, denn die Briefe aus der Zelle im Haus I von Tegel stellen die Fortsetzung des „Notbuchs" dar, und der Tod unter einem der „Fleischerhaken" in Plötzensee am 23. Januar 1945 um 15.36 Uhr (Standesamt Charlottenburg / „Sterberegister-Nr. 336 des Jahres 1945") bewahrheitete jeden, aber auch jeden Satz dieser Texte. Der Tod des Beters, Täters (Jak 1,22-25) und Zeugen als „letztes Kapitel" vollendete das, was Worte nur umschreiben können. Vielleicht ist es wichtig, in diesem Zusammenhang daran zu erinnern, daß auch Edith Stein ihr Manuskript „Kreuzeswissenschaft" nicht vollenden konnte. Sie schrieb gerade an ihm, als zwei Beamte der politischen Polizei des „Sicherheitsdienstes" sie und ihre Schwester Rosa aus ihrem Kloster Echt bei Roermond ins Lager Westerbork der Niederlande abtransportierten. Sie starb in einer der Gaskammern des Lagers Auschwitz am 9. August 1942. Erst dort schrieb sie ja das „Buch ihres Lebens" zu Ende. Kreuzeswissenschaft ...

Der Gefängnispfarrer Peter Buchholz in Berlin-Tegel und in Plötzensee hat das Beten der Häftlinge und zum Tode Verurteilten ergriffen bezeugt; er schrieb: „Einer der Edelsten und Besten, dem ich in Tegel begegnete und dem ich in der Folge mehrere Male in der Woche regelmäßig begegnen konnte, war Nikolaus Groß. Wie oft habe ich ihn kniend vor seinem Zellenschemel getroffen, wenn ich unvermittelt seine Tür aufschloß! Es war geradezu ergreifend, mit welcher Ehrfurcht, Dankbarkeit und gläubiger Hingabe er die heilige Kommunion empfing, die ich ihm bei jedem Besuch reichen konnte." Nach dem Todesurteil schrieb Groß in seinem Abschiedsbrief an seine Frau und seine Kinder (21. 1. 1945) denn auch: „Fürchtet nicht, daß angesichts des Todes großer Sturm und Unruhe in mir sei. Ich habe täglich immer wieder um die Kraft und Gnade gebeten, daß der Herr mich und Euch stark mache, alles geduldig und ergeben auf uns zu nehmen, was Er für uns bestimmt oder zugelassen. Und ich spüre, wie es durch das Gebet in mir still und friedlich geworden ist."

Inniger, flehender, gottergebener und dankbarer kann kaum je gebetet worden sein als in den Zellen des Hauses I im Tegeler Gefängnis, wo unter anderem Bernhard Letterhaus, Dietrich Bonhoeffer und Helmuth James Graf von Moltke „ins Eisen geschlossen" und wo Alfred Delp, Eugen Gerstenmaier und Nikolaus Groß Zellennachbarn waren.

Dabei fehlt der „Glaubenslehre" des Nikolaus Groß jegliches Pathos. Der hier über den Glauben und das Beten schreibt, ist durch Prüfungen und Anfechtungen gegangen. Trotzdem ist er kein Meister von Einwänden und Vorwänden. Nicht nur, daß er sein Leben für eine große Sache eingesetzt hat – hier redet ein *dankender* Mensch. Diese „Apologie des Gebets" stammt weder von einem Mönch noch Priester, noch von einer Ordensschwester: Es ist „die Stimme eines Laien", der betend zum letzten Punkt menschlicher Fragen durchdringt, und er erstattet zurück, was er als Gabe empfindet.

Hier geht es um das wörtliche Evangelium, den buchstäblichen Glauben. „Von den Geboten Gottes. Vom Gesetz der Liebe. Von der Gnade Gottes. Die sieben Sakramente. Wenn wir beten. Unser christliches Leben" – wenn Groß wie in solchen Kapiteln seiner Glaubenslehre „Unter heiligen Zeichen" von der Liebe, der Gottes- und Menschenliebe, schreibt, geht ihm das Herz auf. Dann fallen ihm alle möglichen Bilder ein. Die Gabe der

„Glaube nicht, daß ich einsam bin ...
Durch das Gebet bleibe ich
Euch in jeder Stunde nahe."
Gefängniszelle in Berlin-Tegel.

Liebe ist für ihn Gottes *größte* Schöpfung. Und bewegt schildert er, was die Erde trotz Sonne, Blumen, Früchten, „schönen Speisen" und guten Kleidern für ein wüster Ort wäre, wenn es diese Liebe nicht gäbe. Diese Grundlage menschlichen Zusammenlebens sei – so schreibt er eindringlich – jedermann erfahrbar und bekannt. Schließlich zählt Groß die Liebe zum „Vaterland, zur Muttersprache und zur Heimat" auf. Liebe ist also für Groß ein dem Menschen eingeborenes Gottesgeschenk. Nur sie schützt vor dem Bösen. Nur sie bewirkt die Vergebung der Sünden und bringt „den vollkommenen Frieden". Daraus folgen Dankbarkeit und Dienstbarkeit gegenüber dem Schöpfer, den wir auch „Gott" nennen.

„Das *Herz* ist der Mittelpunkt unseres Leibes, unserer menschlichen Natur, also auch jeder natürlichen Liebe, zu der wir Gott gegenüber fähig sind" (Seite 67). „Wir sollten durch die Liebe die Last des anderen tragen helfen. Sein Leid und seinen Schmerz teilen." Wir sollten „für sein Glück uns verantwortlich fühlen. Besonders für sein Seelenheil. Wir sollten für ihn beten" (Seite 69).

Man muß beim Gesetz der *Liebe* beginnen (Seite 70). – „Das Feuer", so schreibt Groß an anderer Stelle seines Gnadenkapitels, verleihe dem Eisen seine Eigenschaften: Wärme, Helligkeit und Geschwindigkeit. Genauso bewirke die Gnade unserer Seele „übernatürliche Eigenschaften" (Seite 74). Vielleicht hat Groß bei dem von ihm verwendeten Bild des „Dorfschmieds, der sein Eisen ins Feuer legt", auch an seinen Vater gedacht.

Jeden Morgen besuchte – manchmal im Wechsel mit Bernhard Letterhaus – der Redakteur Nikolaus Groß in der damals noch vorhandenen, heute merkwürdigerweise verschwundenen Kapelle des Kettelerhauses, manchmal auch in der nahen Kölner Pfarrkirche St. Agnes die heilige Messe. Sowohl Letterhaus als auch Groß assistierten regelmäßig dem damaligen Verbandspräses Dr. Otto Müller bei diesem Morgengottesdienst. So ist denn auch ein längerer Abschnitt des „Glaubensbuches" dem Geschehen und dem Sinn der heiligen Messe gewidmet. „Gut, vor allem gut beten! Sage es den Kindern", schreibt Nikolaus Groß am 17. September 1944 an seine Frau.

Ob Groß von den Geboten Gottes, vom Gesetz der Liebe, von der Gnade Gottes, den Sakramenten, vom Gebet (Seite 128-150) oder von „unserem Christenleben" schreibt – stets bekommen wir einen von Klarheit und Gemütskraft durchpulsten Text zu lesen. Es sind *Erfahrungssätze* – Sätze eines Mannes, der ein „Täter des Wortes" war und bis zu seinem aufrechten Ende blieb: Noch am 4. Dezember 1944 meint er seiner Frau sagen zu müssen: „Glaube nicht, daß ich einsam bin. Wer die Kraft und die Macht des Gebetes kennt, ist nie einsam." Und an anderer Stelle schreibt er: „Durch das Gebet bleibe ich Euch in jeder Stunde nahe." – „Nein, wer sich so viel mit Gott beschäftigt, hat keine Langeweile, und der Gespräche mit ihm werde ich nicht überdrüssig. Sei also getrost, Mutter, ich verbringe meine Tage in bester Weise und Gesellschaft" (26. November 1944). Bis zu seinem Ende blieb Nikolaus Groß auf diese Weise sich selbst treu. „Der Name des Herrn sei gepriesen. Sein Wille soll an uns geschehen" (Berlin-Tegel, 21. Januar 1945).

„Gebet, Gnade, Dank, Dankbarkeit", das ist die auch in den Haftbriefen des Nikolaus Groß stets wiederkehrende „Antiphon": der erschütternde Kehrvers; denn diese Worte kommen ihm unaufhörlich in den Sinn. Sie spiegeln die Verfassung wider, der er sich sein Leben lang verhaftet weiß. Seine „Liturgie" ist die eines gefesselten Zeugen, auf den der Strick wartet. Aber noch in Fesseln dankt er immer von neuem aus der Mitte seiner Seele heraus. Deshalb weiß er sich nie allein. Er fühlt sich vielmehr in der vollen Gemeinschaft einer betenden, leidenden, opfernden und bekennenden Kirche. Dankbarkeit, „Eucharistia": das ist das Lied seines Herzens in der „Nacht der Zelle" – sein „Carmen in nocte". Nikolaus Groß: Hier spricht ein Mensch mit seinem ganzen Leib das Credo. Und er läßt mitten in seinem Sterben jenes Kreuz aufrichten, an dem sein Erlöser hing, weil er keinen, aber auch keinen Menschen der Sünde überlassen wollte.

Wer ein Foto des Arbeiters und Arbeiterführers Nikolaus Groß ruhig und aufmerksam betrachtet, blickt in ein Gesicht, das mit den „Männerschönheiten" und dem umsatzfördernden Optimismus zeitgenössischer Körperpflege-Werbung nichts, aber auch gar nichts zu tun hat. Wer sein Bild betrachtet, erblickt auch nicht eines jener Fotogesichter, die das Bild der Titelseiten unserer Illustrierten und Zeitungen zieren – noch weniger aber jene offenbare Scheinwirklichkeit von Talkshows und Fernsehreklamen. Er blickt vielmehr in das Gesicht eines Menschen, der wenig Außergewöhnliches an sich hatte, aber sein Wort gehalten und nicht gebrochen hat. Die ihn aufhingen, töteten einen Arbeiter, einen Gerechten, einen Zeugen.

„Wie sollen wir vor Gott und unserem Volk bestehen?"

„Unsicherheit, Unruhe, Mangel an Vertrauen in die deutsche Staatsführung und zur deutschen Wirtschaft kosten uns einige hunderttausend Arbeitslose mehr. Wer zu dem stark gesunkenen Vertrauen in Demokratie und Parlament die Auflösung setzt, hat dem Volk und seiner neuen Ordnung einen Stoß versetzt. Wer den Staat schützen will, muß das Vertrauen zu ihm stärken. Muß das Vertrauen des Volkes aber nicht schwinden, wenn man statt Verantwortung Flucht und Vertagung, statt Handeln Verhandeln, statt Mut Feigheit und statt Sorge um das Volkswohl nur Sorge um die Partei sieht? Wer die Krise des parlamentarischen Gedankens erweiterte und vertiefte und zuletzt die parlamentarische Lösung unmöglich machte, hat dadurch jenen Kräften Vorsprung gegeben, die seit 12 Jahren auf die Katastrophe warten, um dann ihr eigenes Regiment aufrichten zu können. Wir erleben heute ein verzweifeltes Wegwenden von Volksstaat und Parlament auch derjenigen, die einmal aufrichtig an die Demokratie glaubten."
Diese – auch im Jahr 2001 hochaktuellen – Sätze sprach der Kollege und Mitstreiter von Nikolaus Groß, Verbandssekretär Bernhard Letterhaus, am 3. September 1930 auf der 69. „Generalversammlung der deutschen Katholiken" in Münster (Westfalen). Der Arbeiterführer und Abgeordnete des preußischen Landtags für den Wahlkreis Düsseldorf-Ost, Letterhaus, war damals Vizepräsident des Katholikentags, der in der westfälischen Provinzialhauptstadt drei Jahre vor der „Machtergreifung" der Nationalsozialisten stattfand. „Die Braunen" standen bereits „ante portas" – vor den Toren.
Während Teile der katholischen Zentrumspartei unter dem Einfluß führender Kräfte von „rechts" langsam einer Krise ihrer politischen Solidarität entgegengingen, war die katholische Arbeiterbewegung (vor allem in Westdeutschland) von Woche zu Woche immer stärker zu einem Kampfverband geworden. Der Verband organisierte sich zwar auch gegen physische Gewalt, die der Radikalismus von links und rechts mit sich brachte. Doch er agierte vornehmlich mit den geschliffenen Waffen des Wortes. Da der katholischen Arbeiterbewegung die finanziellen Mittel fehlten, eine aufwendige Wahlpropaganda zu betreiben, mußte auch die katholische Arbeiterbewegung die harte Sprache der Plakate und Handzettel sprechen. Die Geschichte des „Dritten Reiches" hat diese Sprache gerechtfertigt; es ist undenkbar, daß im Bereich der christlichen Konfessionen eine schärfere

Kundgebung der Knappen- und Arbeitervereine auf dem Katholikentag in Essen 1932

und prophetischere Sprache gegenüber den Verführungen und Drohungen der Nationalsozialisten gesprochen wurde. In der „Westdeutschen Arbeiterzeitung" wurden Hitler und seine Gefolgsleute „Größenwahnsinnige, Volksbetrüger, Hohlköpfe, Abenteurer, die das Volk ins Unglück stürzen werden, Pathologen und Gewalttäter" genannt. Hitlers Propagandalügen um seine Person und Lebensgeschichte, seine Sprücheklopferei, seine Hysterie und seine notorische Doppelzüngigkeit werden auf den Seiten dieser Zeitung demaskiert und unerbittlich festgenagelt.

Am 11. Juni 1932 heißt es auf der Seite 141 der „Westdeutschen Arbeiterzeitung" (WAZ): „Die Nationalsozialisten wollen bewußt keine Partei, wollen nicht Teil sein – sondern sie wollen herrschen. Sie kämpfen gegen den Parteienstaat – und was sie aufrichten wollen, ist der Parteistaat. Der Nationalsozialismus will (also) keineswegs Parteipolitik beseitigen, sondern diese vielmehr auf die Regierungsführung übertragen. Der Staat kann nur Parteien anerkennen, die gewillt sind, Teil zu bleiben und die den Staat nicht mit ihrer Partei identifizieren. Nur ein Gleichgewicht der politischen Kräfte wird in Deutschland die Politik zu erhalten vermögen."

Die katholische Arbeiterbewegung kämpft gegen den Radikalismus von „links" und „rechts" und für die freie Ausübung der Religion in Kirche und Öffentlichkeit – Katholikentag Essen 1932: erste Reihe Nikolaus Groß; hinter ihm auf der Treppe Bernhard Letterhaus

„Gott segne die christliche Arbeit" – 20 000 Knappen und Arbeiter auf dem Essener Katholikentag 1932; Essener Münsterkirche

Am 10. August 1929 hatten unter der Schriftleitung von Nikolaus Groß die Mitarbeiter der „WAZ" zum zehnjährigen Bestehen der Republik in einem Bündel von knappen, faktenorientierten Aufsätzen zusammengefaßt, „was in Weimar war und seither wurde, was ist und was fehlt". Gegen alle erinnerungsschönen Rückblicke auf das Kaiserreich, gegen die denunziatorische Verdächtigung des Parlamentarismus und gegen die blinde Entmutigung Deutschlands durch ausländische Machtpolitiker unterstrichen sie das Gewicht einer „Dynastie des Volkes". In diesen Jahren war die „WAZ", deren Auflage noch etwa 170 000 Exemplare betrug, vornehmlich zu einem Informationsträger geworden. Das Blatt orientierte seine Leser über Arbeitsrecht und Arbeitskampf; es berichtete über Reallohn, Tarifverträge, Siedlungs- und Wohnungswesen, Schlichtungsreformen, Bodenspekulation und Kartellwesen. Weil die Internationale der katholischen Arbeiterschaft sich an der Soziallehre der Kirche und den Sozialenzykliken der Päpste orientierte, verstand sie sich nicht als Klassen-, sondern als Standesbewegung. Zugleich behielt sie stetig ihre religiös-ethischen Ziele im Auge. Menschenwürdige Existenz – das bedeutete für sie Einsicht in die unvergängliche Wahrheit des Christentums und die Verwirklichung dieser lebenswichtigen Wahrheit in allen Lebensbereichen.

„Gesellschaftspolitisches Interesse in bewegten Zeiten" hatte Nikolaus Groß schon 1918 bewiesen, als er der Zentrumspartei beitrat. Anfangs war er Hilfsredakteur der „WAZ" gewesen. Wenige Monate später stieg er zum verantwortlichen Redakteur auf und übernahm auch die Hauptschriftleitung. Auf diese Weise wurde er auch Mitglied des Vorstandes der „KAB" in Westdeutschland. Die Leitartikel des Redakteurs Groß mit ihren politischen und wirtschaftlichen Inhalten waren durchweg stark religiös orientiert. Aber auch Fragen der Tagespolitik beschäftigten ihn und seinen ständigen Mitarbeiter Bernhard Letterhaus. Hatten Groß und Letterhaus vorher den atheistischen Marxismus der kommunistischen Partei bekämpft, so lag ihnen genauso an der Abgrenzung zur damaligen sozialdemokratischen Partei, in der sie trotz aller Koalitionen verwandte Kräfte am Werk sahen. Im Sommer 1932 kamen Groß und Letterhaus zu dem Ergebnis, daß die NS-Weltanschauung zu fundamentalen christlichen Wahrheiten in schroffem Gegensatz stand. Das genügte ihnen, um den Kampf aufzunehmen. Die Zeitung klärte ihre Leser darüber auf, daß es sich bei der „NSDAP" eben nicht um eine wirkliche Partei handele. Die katholische Arbeiterbewegung solidarisierte sich damals mit dem katholischen Reichskanzler Heinrich Brüning und setzte sich für dessen umstrittene „Notverordnung" ein. Doch zu ihrer Überraschung mußte die KAB zur Kenntnis nehmen, daß Reichspräsident Paul von Hindenburg Brüning fallenließ und nach dem sogenannten „Übergangskabinett" von Papen Hitler in die Regierung berief. Freilich klärte die „WAZ" ihre Leser darüber auf, daß das Kabinett von Papen „lediglich als vorübergehende Erscheinung gedacht" und es „jenen Kräften Tür und Tor öffnen" solle, „die unserem Volk zum Verhängnis werden, wenn ihre Pläne gelingen sollten". Am 12. Februar 1933 aber stellte die „Westdeutsche Arbeiterzeitung" fest: „Es ist erreicht. Herr Hitler ist Reichskanzler. Zwei seiner Unterführer, Göring und Frick, sind Minister ... das Dritte Reich ist da! In den Erklärungen und Aufrufen ist viel von Gott, Gottesglaube und Christentum die Rede. Wir wünschen, daß man weniger christliche Gesinnung deklamiere, als sie vielmehr durch den Inhalt der Regierungsmaßnahmen und durch die Art der Regierungsführung beweise."

Von jetzt an begann ein tragisch zu nennender Kampf der katholischen Arbeiterbewegung um ein ehrenvolles Überleben. Denn nur scheinbar erhielt sie durch den Abschluß des Konkordats zwischen dem Vatikan und

Drei Jahre vor dem Verbot der „Ketteler-Wacht" – Nikolaus Groß an seinem Redaktionsschreibtisch (1935)

der Reichsregierung und durch seine vieldeutigen Ausführungsbestimmungen eine Existenzgarantie. Schon drei Wochen nach der lärmend gefeierten „Machtergreifung" erhielt die „Westdeutsche Arbeiterzeitung" denn auch ein zeitweises Erscheinungsverbot. Zug um Zug wurde jetzt die gesamte Arbeit des Verbandes behindert. Groß sowie Letterhaus und andere sahen sich bald Verhören der Geheimen Staatspolizei ausgesetzt. Und trotz der Umbenennung des Zeitungstitels der letzten Ausgabe von Dezember 1934 in „Ketteler-Wacht" und trotz der deutlich stärker religiösen Inhalte wurde sie schließlich doch am 19. November 1938 endgültig verboten. „Das NS-Regime hatte sein seit langem angestrebtes Ziel erreicht, die Zeitung der katholischen Arbeiter auszuschalten" (Günter Beaugrand). Groß versuchte dann, „den Verlust der Zeitung durch verstärkte Veröffentlichungen von Kleinschriften auszugleichen, die er zum Teil auch selbst schrieb" (Aretz). Zugleich kümmerte er sich in stärkerem Maß um die Männerseelsorge innerhalb der KAB.

Schon bald nach der „Machtergreifung" hatte der Verband auch mit einer Krise seiner Fundamente zu kämpfen. Politische Erörterungen wurden untersagt. Fast unvorbereitet gingen die deutschen Katholiken in eine der größten Auseinandersetzungen ihrer Geschichte. Versteckte Angriffe gegen die Kirche gingen schließlich, wenn auch unter dem Deckmantel des Rechts, in offene Vernichtungswut über. Koexistenzversuche bestimmter katholischer Kreise mit dem „Neuen Reich" scheiterten. Auf der anderen Seite mündete der Zusammenhalt treuer katholischer Arbeiter immer mehr in die Form einer moralischen Widerstandsbewegung. Es ist folgerichtig, daß etliche ihrer Führungskräfte an den Überlegungen und Plänen des deutschen Widerstandes beteiligt waren, die ihren letzten, auch militärischen Ausdruck im Aufstand des 20. Juli 1944 fanden.

Nikolaus Groß, als Vertrauensperson geschätzt, verläßlich und verschwiegen, besaß auch das Vertrauen derjenigen, die sich in dieser Zeit und ausdrücklich nach dem Beginn des Zweiten Weltkriegs Gedanken um die Zukunft Deutschlands nach Hitler und seiner ins Auge gefaßten totalen Vernichtung von Freiheit und Menschenwürde machten. Freilich glaubten maßgebliche Persönlichkeiten der KAB daran, daß Hitler – wie an wirtschaftlichen Problemen in den Jahren 1934-36 – auch politisch scheitern würde. Doch diese Hoffnung erwies sich (wie schon 1932) als trügerisch.

„Wenn wir heute nicht unser Leben einsetzen, wie sollen wir dann vor Gott und unserem Volk einmal bestehen?" Diese Gegenfrage richtete Nikolaus Groß an den Diözesanpräses der KAB/Paderborn, Dr. Caspar Schulte, am

Tag vor dem Attentat in der Wolfsschanze auf Hitler und seine Parteigänger. Der Gesprächspartner hatte Groß auf die Folgen seines Einsatzes im „Widerstand" für ihn und seine große Familie hingewiesen. Die Antwort von Nikolaus Groß ist bis auf diese Stunde aktuell. Denn sie verweist auf die *religiösen* Kriterien, die seinem Handeln zugrunde lagen. Deshalb beteiligte er sich maßgeblich an den Gesprächen des sogenannten „Fuldaer" und „Kölner Kreises". Es handelte sich dabei um Gesprächsrunden, die sich anfangs mit der kirchlichen Lage, dann aber mit der zu erwartenden politischen Entwicklung befaßten. Männer wie Karl Arnold, Jakob Kaiser, Andreas Hermes, Theodor Scharmitzel, Rudolf Pechel und die Dominikaner Laurentius Siemer und Eberhard Welty nahmen daran teil. Über Josef Wirmer, Eugen Gerstenmaier und die Brüder Bonhoeffer sowie Letterhaus bildeten sich dann Kontakte „zu einzelnen Oppositionellen in und außerhalb von Köln bis nach München" (Vera Bücker). Zu ihnen gehörte auch der Jesuitenpater Alfred Delp. Wiederum war ja Groß aus gesundheitlichen Gründen vom Kriegsdienst befreit – doch „schon in der Vorkriegszeit hatten im Kölner Kettelerhaus Gespräche über die künftige gesellschaftliche und politische Gestaltung Deutschlands begonnen ...". Groß befaßte sich mit den „Überlegungen, was nach einer deutschen Niederlage oder der Beseitigung Hitlers zu geschehen habe" (Jürgen Aretz).

Als sich Groß auf diesen innersten Kreis als Gesprächspartner und Kontaktmann einließ, mußte er natürlich eines Tages mit seiner Verhaftung rechnen. Seiner Tochter Berny hat er das einmal unzweideutig mitgeteilt. Seit 1942 wußte Groß auch von den Umsturzplänen gegen Hitler. Schließlich hielt er seine Überlegungen, was nach einer deutschen Niederlage oder der Beseitigung Hitlers zu geschehen habe, in zwei notizhaften Schriften unter den Stichworten „Die großen Aufgaben" und „Ist Deutschland verloren?" fest. Ob er sie nach dem 20. Juli 1944 früh genug vernichten konnte oder ob sie der Geheimen Staatspolizei in die Hände fielen, steht bis heute nicht fest. Sie könnten jedoch zu seiner Verhaftung, Verurteilung und Hinrichtung wesentlich beigetragen haben.

„Vater geholt 1½ Uhr Mittags"

Groß – der Mann mit der ruhigen Stimme, zu dessen Natur deutliche Bescheidenheit und Güte gehörten – vermied es auch, in einem der fraglichen „Kreise" im Mittelpunkt zu stehen. Doch wenn man ihn brauchte, war er da.
Eine große Rolle zu spielen war nie seine Sache. Doch von Anfang an hat Nikolaus Groß die ungeheure Gefahr des Nationalsozialismus gesehen, ohne den politisch gefährlichen Radikalismus der damaligen kommunistischen Partei aus dem Auge zu verlieren. Und sowenig wie viele Mitstreiter aus dem Arbeitermilieu und den katholischen Arbeiterverbänden ließ er sich durch die Lügen und Versprechungen der an die Macht Drängenden und an die Macht Gekommenen beeinflussen. Früh hat Groß – nicht anders als Bernhard Letterhaus, Joseph Joos, Otto Müller und Gottfried Könzgen – auf die Konsequenzen aufmerksam gemacht, die mit Hitler auf Deutschland und Europa zukamen. Der Abschluß des Konkordats mit der katholischen Kirche – seiner Kirche – hat ihn nicht umstimmen können. Wenn er schließlich 1942 zu den sehr unterschiedlichen Kräften und Gruppen des „Widerstandes" stieß, so ging es ihm vor allem um die Wiederherstellung einer völlig zerbrochenen Staats- und Gesellschaftsordnung. Er wollte das Recht, die Menschenwürde, aber auch die Freiheit der Religionsausübung zurückerobert wissen. Nur deshalb hat er sich als Träger von Nachrichten und Vermittler von Kontakten, als verbindendes Glied zu Männern wie Delp, Siemer, Beck, Kaiser und Goerdeler zur Verfügung gestellt. Nikolaus Groß ließ auch die „konspirativen Treffen" im Kettelerhaus und in seiner Wohnung zu. Das konnte freilich nicht ohne Übereinstimmung mit seiner Ehefrau geschehen, die jedoch aus Gründen möglicher späterer Verhöre nicht in die Details eingeweiht gewesen sein dürfte.
Als sich viele Deutsche nur noch um die Erhaltung ihrer eigenen Existenz und die ihrer persönlichen Zukunft sorgten, blickten die am Widerstand Beteiligten auf die Zukunft ihres Volkes. Was sollte aus Volk und Staat nach Hitler werden, und wie konnte und mußte man sich auf ein „anderes Deutschland" vorbereiten? Natürlich bedeutete das für Groß – abgesehen von ständigen Fliegerangriffen sowie Bespitzelungen der NS-Organe – eine Zeit extremer Belastung. Und wenn selbst heute noch bei uns nicht nur nachdenkliche Menschen fragen, warum ein liebender Ehemann und Vater von sieben Kindern seine Familie gefährdete, ja, wenn diese Familie mit

dem Tod ihres Ernährers zu rechnen hatte, so darf man sagen, daß dies keine Entscheidung „*gegen die Familie*" war. Gerade Elisabeth Groß hat offenbar tief verstanden, warum ihr Mann als Christ „Gott mehr gehorchen mußte als den Menschen" (Apostelgeschichte 4,19). Denn in dieser Sache dachte sie offensichtlich nicht anders als zahlreiche Frauen, deren Männer nach dem mißglückten Attentat des 20. Juli 1944 ihr Leben verloren. „Du wirst immer davon überzeugt sein, daß ich nicht leichtfertig einer Idee diente, von der ich geglaubt habe, daß sie eine Rücksicht auf Familie und Privates nicht rechtfertige" (Heinrich Graf von Lehndorff-Steinort am 3. September 1944 in seinem letzten Brief an seine Frau). Die Not Deutschlands ist also mitten durch das Herz dieser Männer und ihrer Frauen gegangen. Hätte der Laie Nikolaus Groß denn anders als zahlreiche Priester handeln sollen? Das „Deutsche Martyrologium des 20. Jahrhunderts – Zeugen für Christus" (Paderborn 2000) dokumentiert allein für die Zeit des Nationalsozialismus den gewaltsamen Tod von 160 Diözesanpriestern, 60 Or-

Kettelerhaus in Köln, Odenkirchener Str. 26 / Rheydter Straße 6 – Verbandszentrale der katholischen Arbeiterbewegung und Redaktion der „Westdeutschen Arbeiterzeitung", später „Ketteler-Wacht"; Ort zahlreicher Gespräche verschiedener Vertreter des Widerstands um die Zukunft nach Hitler

densangehörigen und 110 Laien – davon für das Bistum Köln 16 katholische Laien.
Am 12. August 1944 verhaftete die Gestapo Nikolaus Groß in seiner Kölner Wohnung. Er war zu Grete Letterhaus und ihrer Tochter Ursula an den Evakuierungsort Kastellaun/Hunsrück gefahren, um sie über die am 25. Juli 1944 erfolgte Verhaftung von Bernhard Letterhaus zu informieren. Anscheinend wurde er bei dieser Reise von der Gestapo beobachtet. Schon am nächsten Tag überführte man ihn in das berüchtigte Kölner „El-De-Haus" mit seinen Gestapokellern. Von dort wurde er nach Frankfurt verbracht und anschließend in die Außenstelle Fürstenberg-Drögen/Mecklenburg des Konzentrationslagers Ravensbrück eingeliefert, wo man ihn, um Geständnisse zu erpressen, folterte.
Die Verhaftung ihres Vaters in der Kölner Wohnung erlebten die Töchter Berny, Marianne und die gerade fünfjährige Leni mit. Gegen Mittag kamen zwei Gestapobeamte und führten ihn nach einem Gespräch unter „sechs Augen" ab. Marianne Reichartz geb. Groß berichtet von ihren Erfahrungen: „Meine älteste Schwester hatte mit der Kleinsten, die damals gerade 5 Jahre alt war, die Nacht in Bonn bei Bekannten zugebracht. So sahen wir uns erst am nächsten Morgen. ‚Die Äpfel sind reif', sagte sie, ‚komm mit in den Garten.' Und während wir an einem Baum stehen bleiben, erfuhr ich das Unfaßbare, nämlich, daß viele Bekannte schon verhaftet seien und Vater stündlich mit demselben Los rechnete. In den Stunden, die nun folgten – wenige waren uns ja nur noch vergönnt –, trat ich dem Vater scheu gegenüber. Ich wunderte mich über die Ruhe, mit der er beschädigte Fensterrahmen zuklopfte und Bombenschäden ausbesserte. Aber vielleicht wollte er auch nur sein gewiß stürmisch bedrängtes Herz durch Arbeit beruhigen. Wir griffen nun auch bei der Arbeit zu, denn der nächste Tag, der Sonntag, wurde durch die ganzen Kriegsjahre trotz vieler Schwierigkeiten von Vater als *Feiertag* gehalten.
Mitten in unsere Vorbereitungen trafen 2 Männer ein. Sie blickten so ganz anders als diejenigen, die sonst bei Vater aus- und eingingen. Meine Schwester wurde bleich, und an ihrem entsetzten Gesicht erkannte ich erst, wem wir gegenüberstanden. Vater kam ruhig die Treppe herunter, behielt den Hammer in den Händen und setzte sich in seinem Arbeitsanzug zu den Männern ins Herrenzimmer. Uns beiden draußen schlug das Herz vor Angst, während die Kleine arglos vor uns spielte. Nach langer Zeit – wie eine Ewigkeit erschien sie uns Wartenden – trat Vater mit den Männern heraus. Unter Aufsicht des einen Gestapo-Beamten durfte er sich umklei-

„Vater geholt 1 1/2 Uhr Mittags" – *Eintrag der Tochter Berny im Notizbuch von Nikolaus Groß am Sonnabend, 12. August 1944*

den, während der andere uns schon eine Adresse im Gestapohaus Köln angab. Dann nahm Vater von uns Abschied. Er reichte uns sehr schnell die Hand und sagte leise: ‚Auf Wiedersehen, ich weiß noch nicht, wann ich wiederkomme.' Währenddessen hatte der eine Gestapo-Beamte schnell die Post auf dem Schrank kontrolliert, wahrscheinlich aber nicht gefunden, was er suchte, denn er schritt mißmutig hinter Vater und dem anderen drein. Nun merkte das Kleinste, das am Boden gespielt hatte, daß der Vater ging, und rief mit erstauntem Kinderblick: ‚Vater, wohin gehst du?' Dies war der letzte Satz, den unser Vater mitnahm auf seinen Leidensweg. Und diese Frage hat ihn bis zu seinem gewaltsamen Tode nicht mehr losgelassen. ‚Wohin ich gehe', schrieb er am 17. 9. 1944 aus dem berüchtigten Polizeigefängnis Fürstenberg: ‚... ich weiß, daß ich dahin gehe, wohin mich der Wille Gottes weist'" (Marianne Groß am 29. Oktober 1947).

In das Notizbuch von Nikolaus Groß trug die Tochter Berny unter dem Datum des Sonnabend, 12. August 1944, fünf Worte ein: „Vater geholt 1 1/2 Uhr Mittags". Vier Tage vorher war Köln noch von einem schweren

Luftangriff heimgesucht worden. Man sollte wissen, daß Groß einige Tage vor seiner Verhaftung von mehreren Seiten gewarnt wurde; es wurden ihm verschiedene Fluchtmöglichkeiten angeboten. Aus Sorge um seine Familie verzichtete er wie schon Letterhaus darauf, sich auf Kosten seiner Angehörigen in Sicherheit zu bringen, da er die möglichen Folgen einer „Sippenhaft" befürchten mußte.

Von Ravensbrück aus wurde Nikolaus Groß in das Gefängnis Berlin-Tegel, Seidelstraße 39, eingeliefert. Im Haus I war er Zellennachbar von Pater Alfred Delp SJ und Eugen Gerstenmaier (einer der wenigen Inhaftierten, die mit dem Leben davonkamen). Delp schreibt in seinen Aufzeichnungen: „Wir beten hier zu Dritt: zwei Katholiken, ein Protestant." Prälat Buchholz, der damalige katholische Seelsorger des Gefängnisses Tegel, berichtet: „Wegen der Überfüllung der Gestapogefängnisse sah man sich genötigt, einen Teil der Gefangenen zu verlegen, und zwar brachte man sie nach Tegel, wo nicht die Gestapo, sondern Gefängnisbeamte Leitung und Überwachung in Händen hatten, die uns bei unseren seelsorglichen Besuchen keinerlei Schwierigkeiten machten. So ist es uns möglich gewesen, diese Männer während der Wochen und Monate, die sie auf ihre Termine und

Elisabeth Groß –
die Frau an seiner Seite

ihre Hinrichtung warten mußten, regelmäßig zu besuchen und zu betreuen. Was wir da erlebt haben an männlicher und christlicher Haltung, an Opfer- und Sühnebereitschaft für andere, an fast frohem Sterben, ist wie ein hohes Lied echten Bekenner- und Märtyrergeistes aus dem Frühling der Kirche!"
Bis zum 15. Januar 1945 – dem Tag des Prozesses gegen Groß vor dem „Volksgerichtshof" – hatte Nikolaus Groß noch gehofft, mit einer hohen Gefängnisstrafe davonzukommen oder bei der schnellen Entwicklung der militärischen Situation befreit zu werden – auch Delp hat sich mit diesem Gedanken getragen. Doch bald wurde auch Groß anscheinend deutlich, daß er mit dem Äußersten rechnen mußte.
Zum ersten Mal konnte Nikolaus Groß an seinem 46. Geburtstag, dem 30. September 1944, aus der „Haftanstalt" Tegel nach Hause schreiben. Wenige Tage danach starb Prälat Dr. Otto Müller im dortigen Gefängnislazarett.
Am 29. November 1944 entschloß sich Elisabeth Groß, auch unter den schwierigsten äußeren Bedingungen mit dem Zug nach Berlin zu fahren. „Sie empfand, daß sie in diesem Augenblick an die Seite ihres Mannes gehörte" (Bernhard Groß). Ihre Tochter Berny wollte sie jedoch nicht allein ins Ungewisse fahren lassen, und so begleitete sie ihre Mutter in die von Bombenangriffen täglich gefährdete Hauptstadt. Durch einen ins Gefängnis geschmuggelten „Kassiber" konnte Frau Groß ihren Mann wissen lassen, daß sie sich mit ihrer Tochter bereits in Berlin befand und versuchen wolle, ihren Ehemann zu besuchen. Seine Antwort: „Ich freue mich unsagbar." Am 3. Dezember 1944 konnten Frau und Tochter ihn etwa 30 Minuten lang im Gefängnis sprechen. „Die halbe Stunde Besuch wiegt Monate des Alleinseins auf", schreibt Groß einen Tag später in einem Kassiber. „Aus einem über Euren Besuch überglücklichen Herzen danke ich Euch noch einmal... Laß Dich unter keinen Umständen niederdrücken... Ich habe die feste Überzeugung, daß mit mir alles gut auslaufen wird. Wir müssen nur Geduld haben und beten."
Auch jetzt verließ die Ehefrau Berlin nicht, sondern bemühte sich erneut, eine Sprecherlaubnis zu erhalten. Am 5. Dezember 1944 erlebte sie auf diese Weise im Luftschutzkeller des Gefängnisses Tegel einen schweren Luftangriff, der Teile des Gefängnisses zerstörte, jedoch das Haus I im wesentlichen verschonte. „Da fing plötzlich die rheinische Frau Klein [verschlüsselter Name von Frau Groß] an zu beten – erst leise, dann immer lauter: ,Hilf, Maria, es ist Zeit! Hilf, Mutter der Barmherzigkeit!' Immer wieder hörten wir diese schlichten Worte, wunderbar beruhigend in dem Lärm

und der Not um uns und in uns" (Marianne Hapig, Sozialarbeiterin am Berliner Hedwigskrankenhaus und Überbringerin geheimer Nachrichten für die Gefangenen und ihre Angehörigen). Auch Nikolaus Groß überlebte mit gefesselten Händen und Füßen in seiner Zelle den verheerenden Angriff.

Erst am 8. Dezember 1944 kehrte Frau Groß nach Niederwenigern zurück. Doch am 1. Januar 1945 erhielt sie einen Telefonanruf des KAB-Diözesanpräses von Paderborn, Domvikar Dr. Caspar Schulte, mit der dringlichen Aufforderung, wenn möglich sofort nach Berlin zu fahren. Erneut machte sich Elisabeth Groß auf den Weg. Am 6. Januar 1945 konnte sie eineinhalb Stunden mit ihrem Mann reden. „Ein menschlich fühlender Gefängnisbeamter hatte das möglich gemacht" (Günter Beaugrand). „Bevor Elisabeth Groß abreiste, erkundigte sie sich beim Volksgerichtshof nach dem Verhandlungstermin ihres Mannes. Auf die sich als falsch (18. 1. 1945) herausstellende Antwort hin bat und erhielt sie eine nochmalige Besuchserlaubnis. Am Samstag, dem 13. 1. 1945, überraschte sie so ihren Mann mit einem unerwarteten Besuch; er hatte geglaubt, sie sei schon nach Hause zurückge-

Augenblick des Todesurteils bei der Verhandlung gegen Nikolaus Groß vor dem „Volksgerichtshof", Bellevue-Straße in Berlin, am 15. Januar 1945. Die Vernichtungswut der nationalsozialistischen Mordunternehmer bringt einen Arbeiter *zum Schweigen.*

kehrt. Nikolaus Groß teilte ihr mit, daß sein Prozeß am Montag, den 15. 1. 1945 stattfinden werde. Nachdem sie am frühen Nachmittag des 15. 1. 1945 vom Bürovorsteher des Verteidigers das Todesurteil erfahren hatte, ging sie am nächsten Tag nach Tegel, wo ihr jener menschenfreundliche Wärter, der sie beide allein gelassen hatte, unter Tränen riet, sich nochmals einen Sprechzettel zu besorgen, der jeder Frau eines zum Tode Verurteilten zustehe. Am 18. Januar konnte sich Groß unter Aufsicht eines SS-Mannes in 15minütiger Besuchszeit von seiner Frau verabschieden. Er zeichnete ihr ein Kreuz auf die Stirn und trennte sich von ihr mit den Worten: ‚Auf Wiedersehen in einer besseren Welt'! Im Himmel kann ich mehr für dich und die Kinder tun als hier auf der Welt" (Vera Bücker).

Die Verhandlung gegen Nikolaus Groß am 15. Januar 1945 endete mit dem Todesurteil. Warum der Prozeß gegen Groß anfangs verschoben und dann sehr schnell durchgeführt wurde, ist bis heute nicht klar. Vermutlich hing er mit dem vom Kirchenhasser Roland Freisler ursprünglich geplanten Gemeinschaftsprozeß christlicher Vertreter des Widerstands zusammen, der auch wegen des vorzeitigen Todes von Prälat Dr. Otto Müller und der übereilten Hinrichtung von Bernhard Letterhaus nicht zustande kam. Auch die „überstürzte Überführung" (Alfred Delp) nach Plötzensee am Morgen des Hinrichtungstages und die schnelle Hinrichtung der mit Groß gemeinsam Getöteten waren offensichtlich so nicht vorgesehen. Der Prozeßbericht (Jürgen Aretz, Hg., „Nikolaus Groß – Briefe aus dem Gefängnis", Seite 36) behauptet, Groß sei „genau über Einzelheiten des Goerdeler-Verrates" unterrichtet gewesen und er habe im Februar 1944 an einer Zusammenkunft Carl Friedrich Goerdelers mit Jakob Kaiser und Otto Müller teilgenommen. „Groß gab seine Tat offen zu, behauptete allerdings, sich als Nichtakademiker über deren Tragweite nicht klar gewesen zu sein. Doch konnte ihn das nicht retten. Er schwamm mit im Verrat, muß folglich auch darin ertrinken ... bescheiden im Wesen, bei der Verkündigung des Urteils dem Weinen nahe" (Bericht eines Prozeßbeobachters vom 15. Januar 1945 an Reichsleiter Bormann). Roland Freisler, Präsident des sogenannten Volksgerichtshofs, „Richter in der roten Robe", führte den Prozeß. Freislers Verhandlungsführung war in der Regel aggressiv und agitatorisch. Er führte Schau- und Scheinprozesse, und er urteilte über Gesinnungen, nicht in erster Linie über Fakten. Bei der Verhandlung von religiösen oder kirchlichen Belangen ließ er seinem Kirchenhaß freien Lauf. Schon damals ging die Rede, er habe kräftig mitgeholfen, das „Recht zum Büttel der Macht werden zu lassen".

Der Präsident des „Volksgerichtshofs", Roland Freisler, und ein Vertreter der Anklage im Großen Saal des Preußischen Reichs-Kammergerichts, Berlin 1944: Prozesse des 20. Juli 1944

Am 21. Januar 1945 richtete Nikolaus Groß einen letzten Brief an seine Frau und sieben Kinder. Schon zwei Tage später wurde er am Morgen des 23. Januar 1945 nach Berlin-Plötzensee transportiert. Dort wurde er zusammen mit neun anderen Verurteilten durch den Strang hingerichtet. Als Todeszeit gab das Sterberegister des „Standesamts Berlin-Charlottenburg Nr. 336" später die Uhrzeit 15.36 Uhr an. Der letzte Brief des Verurteilten Groß vom 21. Januar 1945 – er gelangte nicht auf dem offiziellen Weg aus dem Gefängnis – enthält die folgenden Sätze: „Muß ich nicht Gottes weise und gnädige Fügung preisen und ihm Dank sagen für seine Güte und väterliche Obhut? Sieh, liebe Mutter, so menschlich schwer und schmerzlich mein frühes Scheiden auch sein mag – Gott hat mir damit gewiß eine große Gnade erwiesen. Darum weinet nicht und habt auch keine Trauer; betet für mich und danket Gott, der mich in Liebe gerufen und heimgeholt hat. ... In der Liebe Christi, die uns erlöste und unsere ganze Hoffnung ist, segne ich Euch: Dich, liebste, gute Mutter, Dich Klaus und Dich Berny, Dich Marianne und Dich Elisabeth, Dich Alexander, Dich Bernhard und Dich Leni ... Gott vergelte Euch, was Ihr mir Liebes und Gutes getan habt. Im Vertrauen auf seine Gnade und Güte hofft auf ein ewiges Wiedersehen in seinem Reiche des Friedens Euer Vater."

Elisabeth Groß hatte bis zuletzt versucht, mit Hilfe des Paderborner Diözesanpräses, Domvikar Dr. Caspar Schulte, eine Begnadigung zu erreichen. Sie schickte ihr Schreiben an den damaligen Reichsjustizminister. „Ich bin Mutter von sieben unversorgten Kindern, von denen der Älteste seit September 1943 in Rußland vermißt ist. ... Ich komme in der größten Sorge meines Lebens zu Ihnen und bitte Sie, meinen Kindern doch den Vater zu erhalten und Gnade walten zu lassen. Ich weiß nicht, was gegen meinen Mann vorliegt, ich bin aber überzeugt, wenn er sich vergangen hat, hat er, wenn auch irrend ganz uneigennützig gehandelt und geglaubt, so dem schwer geprüften Volke helfen zu können. Vielleicht hat auch seine Gutmütigkeit, die selten etwas abschlug, besonders gegen Menschen, denen er vertraute, ihn zu seiner Tat veranlaßt. Ich kann sie als einfache Frau nur bitten, meinen Kindern den Vater nicht ganz zu nehmen, er war ein guter Deutscher und war stets auf das Wohl anderer bedacht. Ich bitte den Herrn Justizminister, alles was ich hier niedergeschrieben habe, wie ich es fühle und vor Gott verantworten kann, mir zu glauben und darum es mir nicht

Die Geschwister Groß mit der Mutter (1956)

zu verargen, daß ich mit meiner schwachen Kraft um das Leben meines Mannes kämpfe. Ich bitte dringend meinem Mann einen Gnadenerweis zu erteilen und die gegen ihn erkannte schwerste Strafe in eine zeitliche Freiheitsstrafe umzuwandeln. Frau Elisabeth, geb. Koch, z. Zt. (21) Niederwenigern-Ruhr/Langestraße 11."

Der Minister lehnte ihr Gnadengesuch ab. Inzwischen hatte Frau Groß sich auch darum bemüht, den damaligen Nuntius bei der deutschen Reichsregierung, Cesare Orsenigo, für eine sofortige Intervention zu gewinnen. Der Versuch scheiterte, weil der Nuntius verreist war, „vielleicht aber auch nur vorgeben ließ, verreist zu sein: einer seiner Sekretäre lehnte jedenfalls die Annahme eines Gnadengesuchs mit den – in der Sache wohl leider zutreffenden – Worten ab, für die Männer des 20. Juli könne der Nuntius nichts tun" (Jürgen Aretz). Auch alle Bemühungen des Kölner Geistlichen Hans Valks schlugen fehl. In der Annahme, Groß lebe noch, bat Valks den Kölner Erzbischof Joseph Frings am 30. Januar 1945 um die Abfassung und Versendung eines Gnadengesuchs. Frings kam dieser Bitte sofort nach und verwendete sich für den „Vater von sieben Kindern" und einen „Mann von übergroßer Gewissenhaftigkeit". Das Gnadengesuch kam zu spät. Aus Berlin hinausgelangt, empfingen Frau Elisabeth Groß und ihre Kinder die Nachricht von der Hinrichtung ihres Mannes und Vaters in Niederwenigern. Das Bruchsteinhaus, in dem die Familie damals wohnte, steht noch. Es befindet sich am Ortsrand von Niederwenigern, „Im Siepen", und hat viele Tränen gesehen.

Zeuge der Wahrheit

Sie töteten einen Beter, einen Gerechten, einen Zeugen. Mit ihm starben Theodor Haubach, Helmuth James Graf von Moltke, Franz Sperr, Reinhold Frank, Ludwig Schwamb, Hermann Kaiser, Busso Thoma, Erwin Planck, Eugen Bolz. Alfred Delp, der am 2. Februar 1945 ermordet wurde, schrieb damals, er sei der „Einzige, der im Eisen geblieben ist". Und weiter: „Alle zum Tode Verurteilten haben die Kommunion empfangen."
„Ich kannte das Bild. Die Männer gingen mit nacktem Oberkörper zum Galgen. Ihre Jacke war lose über die Schulter geworfen, die Hände auf dem Rücken gefesselt, an den Füßen klappernde Holzpantinen. Ich dachte an Pfarrer Buchholz, wußte, daß er das Menschenmögliche, das Übermenschliche tun würde, um mit einem Wort, mit einer Geste die Todgeweihten zu erreichen. Und mit seinem Segen." So hat es Victor von Gostomski, politischer Gefangener, „Kalfaktor" und vertrauter Mitarbeiter des katholischen Gefängnispfarrers Peter Buchholz, beschrieben (Victor von Gostomski, „Der Tod von Plötzensee", Meitingen/Freising 1969, Seite 23, 24).
„Am 23. Januar war wieder eine Sonderaktion. Pfarrer Buchholz sagte mir, daß Graf Moltke, Nikolaus Groß und Eugen Bolz zu der Gruppe gehörten. Ich stand mit dem Pfarrer im zweiten Stock des Todeshauses. Er war untröstlich, daß all seine Bemühungen, die Männer noch einmal besuchen zu dürfen, abgelehnt worden waren. Wir spähten hinunter. Das übliche hektische Hin und Her im Gang. Als die ersten Zellentür aufgeschlossen, der erste Häftling herausgeführt wurde, sagte der Pfarrer nur: Theo Haubach. Es war wie ein Signal für ihn. Er lief die Treppe hinunter. Es gelang ihm zwar nur, mit Eugen Bolz ein paar Worte zu sprechen. Aber mit seinem Segen erreichte er alle. Auch Graf Moltke hatte den Pfarrer erkannt. Ihm galt das *Auf-Wiedersehen*, das der Graf rief, als er aus dem Todeshaus zum Hinrichtungsschuppen geführt wurde."
Buchholz kann also jeden einzelnen aus der „traurigen Prozession der Todesopfer" segnen ... – „Nikolaus Groß neigt beim Segen still das Haupt. Sein Gesicht scheint schon erleuchtet von der Herrlichkeit, in die er einzugehen sich anschickt" (Marianne Hapig). „Ich sehe sie noch auf den letzten Weg gehen ... einige übel zerschlagen und geschunden, umgeben von Männern des Volksgerichtes und Gestapoleuten, die sich keine Phase dieses Schauspiels entgehen lassen wollten und mit ihren Filmkameras jeden

Galgen im Hinrichtungsschuppen neben dem „Todeshaus" Berlin-Plötzensee. Am 23. Januar 1945 um 15.36 Uhr starb Nikolaus Groß hier zusammen mit neun anderen Verurteilten den Tod durch Erhängen.

Augenblick festhielten bis zu den letzten Zuckungen ihrer Opfer" (Peter Buchholz).

„Die Vollstreckung der Todesurteile fand ... durch Erhängen statt, und zwar wurden – wie mir von Augenzeugen mehrfach bestätigt wurde – jeweils acht Verurteilte [am 23. Januar 1945 waren es zehn], die hintereinander gefesselt waren, über die Höfe zu der sogenannten Baracke 4, in der der Galgen eingebaut war, geführt und dort (in der Regel) in Abständen von zwanzig Minuten durch den Scharfrichter Roettger aus Hannover und seine drei Gehilfen erhängt. Das Erhängen erfolgt in der Weise, daß Roettger auf einem Schemel stand, dem Verurteilten, der von drei Gehilfen gehalten wurde, eine Schlinge um den Hals legte und dann diese Schlinge, nachdem die Gehilfen den Verurteilten hochgehoben hatten, in einen der Haken einhängte und anschließend die Gehilfen den Körper des Verurteilten losließen" (Notiz eines „Rechtspflegers", der damals nahezu täglich im Gefängnis Plötzensee war, vom Sommer 1945).

Der hannoversche Scharfrichter Roettger und zwei oder drei seiner Gehilfen gingen auch am 23. Januar 1945 „ans Werk". „Immer hatte er eine Zigarette im Mund. Für jeden Getöteten kassierte er eine Prämie von achtzig Mark und eine Sonderration Zigaretten..." Einmal stritten sich zwei der Beteiligten um die ihnen zustehenden Zigaretten, weil der eine sich beim Hinrichtungsdienst vorgedrängt und „ihn um die Zigaretten betrogen habe" (Victor von Gostomski).

Wenn sie nicht (wie zum Beispiel Sophie Scholl, Christoph Probst, Alexander Schmorell und Max-Joseph Metzger) mit dem Fallbeil, sondern durch den Strang oder durch die schlimmere Form einer Erdrosselung und Strangulierung hingerichtet wurden, mußten die Opfer oft eine Rampe mit mehreren Stufen betreten. In diesem Augenblick wurde ein den verhältnismäßig kleinen Raum dominierender schwarzer Vorhang zurückgezogen, der die vorher Getöteten noch verdeckte. Doch spätestens in diesem Moment mußten die nächsten Opfer die jeweils zuvor Erhängten sehen. Da es am 23. Januar 1945 für die zehn Hinzurichtenden nur acht Haken gab, dürfte die „Prozedur" wohl etwas langwieriger als üblich gewesen sein. Wahrscheinlich handelte es sich diesmal um eine Form der „Strangulierung", die ihre Opfer unter Umständen länger als sonst leiden ließ; deshalb muß man sie als besonders grausam bezeichnen. Nach verbindlichen Aussagen gilt es als sicher, daß einige der Exekutierten erst im unmittelbar neben der Hinrichtungsstätte gelegenen Leichenraum endgültig starben: damals bereits ein von Bomben beschädigter Raum, der im Winter eiskalt war und die Toten zuletzt schnell gefrieren ließ... Auch außerhalb des sogenannten „Hinrichtungsanbaus" konnte man das jeweilige Zurückreißen des schwarzen Vorhangs deutlich hören – es war, wie Zeugen berichten, ein schneidend lauter Ton, der allen, die ihn hören mußten, im Gedächtnis blieb. Doch für die herbeigeeilten Zuschauer dieses „Spektakels" – unter ihnen auch etliche Mitglieder von Partei und „SS" – war es ein Schaustück, zu dem sie sich nach Aussagen von Zeugen förmlich drängten. Anschließend wurden die Toten mit einem „Lieferwagen" (von Gostomski) in bestimmte unbekannte Krematorien gefahren oder bisweilen vorher zur „Sektion" freigegeben. Bekanntlich ist auf dem Totenschein, den die Witwe Elisabeth Groß erst am 1. Dezember 1945 erhielt, die Uhrzeit des Todes von Nikolaus Groß mit *15.36 Uhr* angegeben.

Wer heute den „historischen Ort" der Gedenkstätte Plötzensee am Hüttigpfad in Berlin-Charlottenburg betritt – einigermaßen bewußt lebende Zeitgenossen sollten es tun –, könnte sich der Erfahrung nähern, daß hier weit über 2 500 Menschen aus verschiedenen Nationen hingerichtet wurden ... auch viele Polen, Tschechen, Jugoslawen und Slowenen. Von den in Plötzensee Hingerichteten gehörten übrigens 531 der römisch-katholischen Konfession an; 169 waren evangelische Christen und 31 waren jüdischen Glaubens.

Denn je mehr es dem Ende des Krieges zuging, um so deutlicher zeigte sich auch für bis dahin Uneinsichtige und Fanatiker in Adolf Hitler das Gesicht eines Verbrechers. Diesem Mann lag zuletzt nur noch daran, nicht nur sein Volk in den Untergang zu führen, sondern auch die Elite seiner Gegner mit in den Tod zu reißen. Denn die treibenden Kräfte seines Innern waren und blieben Haß und Vernichtungswille. Deshalb konnte er sich auch seine wachsenden militärischen Mißerfolge lediglich als Ergebnisse eines Verrats von Militärs und Abweichlern erklären. Man darf daran erinnern, daß allein seit 1943 in Deutschland 11 336 Todesurteile an Häftlingen vollstreckt wurden, unter ihnen zahlreiche Ausländer – davon allein 1 118 in Plötzensee *ermittelte* Hinrichtungen. Wer von den Mordopfern liest, spürt die morali-

Gedenkstätte Plötzensee: Ort der Stille und der Erinnerung. Zwischen 1933 und 1945 wurden hier mehr als 2 500 Menschen ermordet. Eine Reihe von ihnen starb durch die Guillotine.

Kreuzigung mit Maria und Johannes aus Moselkern – Glasfenster der Kirche St. Valerius (Mittelrhein 1430-1440)

sche Überlegenheit der Verurteilten gegenüber ihren Richtern und Henkern. Die Opfer dieser Kreaturen sahen ihr Volk von Hitler und seinen Helfershelfern verführt, betrogen und verlassen. Und sie fühlten, unbedingt handeln zu müssen – auch im Fall eines Mißerfolgs. Zu ihnen zählte Nikolaus Groß: ein Mann der Lebenstapferkeit, Demut und Güte, aber auch ein Mann des Gewissens und sittlicher Konsequenz: „Wo ein Mensch in Not ist, müssen wir barmherzig und mitleidig sein, wie Christus es gewesen ist. Wo Unrecht geschieht, müssen wir tapfer für das Recht und die Wahrheit eintreten, wie Christus es uns gelehrt hat" („Unter heiligen Zeichen" – Glaubenslehre von Nikolaus Groß, 1943 – Manuskriptdruck Januar 1991).

„Selig die Makellosen auf dem Lebensweg"

Als Nikolaus Groß am 21. Januar 1945 – dem Fest der Kölner Pfarrpatronin Sankt Agnes – in seiner Zelle in das von ihm benutzte und geschätzte „Schott"-Meßbuch blickt, müssen seine Augen auf den Psalm 118 (119) des Introitus gefallen sein: „Die Sünder trachten, mich zu verderben; ich aber achte Deine Lehren, Herr. Die Begrenztheit alles irdisch Vollkommenen hab' ich gesehen; Dein Gebot jedoch übertrifft alle Weiten. Selig die Makellosen auf dem Lebenswege, die wandeln nach des Herrn Gesetz." Wahrscheinlich haben ihn auch diese Sätze beim Gang durch die Tür zum Hinrichtungsschuppen in Plötzensee begleitet. Damals ist er 46 Jahre alt. Alle seine Briefe aus der Zelle strahlen den Geist völliger Hingabe an den Willen Gottes aus. Er wohnt in einer Stille, die sich für den heutigen Leser wie ein Aufenthalt im Zentrum eines Taifuns ausnimmt. Die Gefaßtheit aller seiner Äußerungen bezeugt eine unzerstörbare Substanz, die in allem, was er durchdenkt und durchschweigt, wirksam bleibt. In allem, was ihn und seine

„Mit keinem Großen und Mächtigen der Erde tausche ich meinen Platz ..." – Nikolaus Groß mit seinem am 4. August 1934 geborenen Sohn Bernhard

Familiengemeinschaft betrifft, sieht er ungeschmälert die *Führung durch Gott* am Werk. Nur auf diese Weise erklärt sich auch sein Satz aus dem Abschiedsbrief vom 21. Januar des letzten Kriegsjahres an seine Familie: „Längst habe ich eingesehen, daß Euer Schicksal gar nicht von mir abhängt" (21. Januar 1945).

„Voluntas Dei Pax nostra" – dies Lieblingswort des Konzilspapstes Johannes XXIII. ist auch das von Nikolaus Groß: „Der Wille Gottes ist unser Friede." Mag es also um ihn herum stürmen und toben – in seinem Innern herrscht Friede. Das Besondere an Nikolaus Groß ist offenbar, daß er nichts Besonderes zu sein scheint. Alles, was er beginnt und zu Ende bringt, ist im Grunde unauffällig. Und bis zum Schluß liebt dieser Mensch tiefen Gefühls und natürlicher Frömmigkeit die leisen Töne, die bescheidene Geste. Doch aus seinem nachdenklichen Gesicht leuchtet auch seine Entschiedenheit – die Kraft uneingeschränkter Hingabe.

Am 8. Februar 1945 – also 16 Tage nach Groß' Hinrichtung – konnte Rektor Hans Valks, der in diesem Augenblick einzige noch dort verbliebene Priester, in der Krypta der Kölner Sankt-Agnes-Kirche für den Verstorbenen das Totenamt feiern. Er hatte dazu in einem Aushang eingeladen. In ihm hieß es deutlich: „Nikolaus Groß, dem am 23. Januar von roher Gewalt das Leben entrissen wurde". Auch in Berlin wurde – wahrscheinlich von Bischof Konrad Graf von Preysing – ein „Seelenamt" gelesen. Der damalige Inhaber der Kölner Druckerei, Hermann Luthe, wagte es trotz der damit verbundenen erheblichen Gefahr, einen Totenzettel zu drucken. Elisabeth Groß hatte den Text entworfen. Auf der Vorderseite stand der Satz aus dem Offizium des 23. Januar: „Der Herr hat ihn geliebt und geschmückt, mit dem Gewande der Glorie hat er ihn umkleidet."

Noch immer gilt, daß der Altar in katholischen Kirchen über den Gebeinen eines Märtyrers errichtet ist oder Reliquien eines Heiligen enthält. Deshalb ist es nicht mehr als folgerichtig, dies (womöglich) auch *heute* zu tun. In der nahe beim Königsdamm 7 / Charlottenburg-Plötzensee (jetzt Hüttigpfad) gelegenen katholischen Kirche „Regina Martyrum – Königin der Martyrer" begegnet uns die von zeitgenössischer Architektur und bildender Kunst gestaltete „Gedächtniskirche" eines Klosters der Karmelitinnen. Gebet und Eucharistie befinden sich hier an ihrem ursprünglichen Ort – nämlich in der unmittelbaren Nachbarschaft der „Zeugnisse im Blut", mit denen die Geschichte der Kirche seit ihren Anfängen untrennbar verbunden ist. Die Kirche und ihr Meßopfer bilden ja das ständige Gedächtnis einer oft vergeßlichen Menschheit, wenn sie im Kanon dieser Messe nicht nur der

Der Herr
hat ihn geliebt und geschmückt,
mit dem Gewande der Glorie
hat er ihn umkleidet.
Aus dem Offizium des 23. Januar.

†

Zur frommen Erinnerung
an den Schriftleiter

NIKOLAUS GROSS

der am 23. Januar 1945, im Alter von 46 Jahren, sein Leben in die Hand des Schöpfers zurückgab. Von diesem ihrem treuen Sohn sagt seine Mutter, die Kirche, im Offizium seines Sterbetages:
«Dieser Mann tat alles, was Gott ihm eingab, und Er sprach zu ihm: Geh ein in die ewige Ruhe, denn ich habe gesehen, daß Du gerecht bist vor mir unter den Heiden. Dieser ist es, der das Leben der Welt verachtet hat und zum himmlischen Reiche gelangt ist. Den Gerechten führte der Herr auf rechtem Wege und Er ließ ihn schauen das Reich Gottes. Er schenkte ihm die ewige Herrlichkeit.»

Erster Totenzettel für Nikolaus Groß, Ende Januar 1945. Kurz nach seiner Hinrichtung wurde dieser Totenzettel in der Kölner Druckerei Luthe unter Lebensgefahr gedruckt, denn jede Art von öffentlicher Erinnerung an politisch Verurteilte war damals bei schwerster Strafe untersagt. Die Druckstöcke wurden deshalb unmittelbar nach dem Druck beseitigt.

Lebenden und Toten gedenkt, sondern auch das Wort spricht: „Erinnere Dich, Herr!" Auch die Schwestern und ihre zahlreichen Hausgäste halten sich mit „Stundengebet" und „Liturgie" an diese „Vorgabe". Für sie alle ist das Gedenken – auch das an Nikolaus Groß – eine ständige und gern erfüllte Tagespflicht. Es will ja lebendigen Menschen unserer Lebensstunde dienen.

„Weil der Leib Christi in den Martyrern leidet, die (um mit dem heiligen Paulus zu sprechen; Kolosserbrief 1,24) an ihrem Leibe den Rest der Trübsal Christi für die Kirche erfüllen, darum leidet auch die Mutter mit den Martyrern, und eben darum wird Maria von der Kirche mit Recht die Regina Martyrum genannt" (Erik Peterson, Leipzig 1937). In seinem mitten in der nationalsozialistischen Diktatur erschienenen Traktat „Zeuge der Wahrheit" äußert der Theologe Peterson, es sei eben „kein Mißverständnis, daß Jesus gekreuzigt wurde", und wie könne man eigentlich erwarten, daß

Verbandsleitung der katholischen Arbeiterbewegung, v. l. n. r.: Nikolaus Groß, Prälat Dr. Otto Müller und Bernhard Letterhaus

Dreikönigswallfahrt zum Kölner Dom am 20. Januar 1935. In der Mitte Verbandspräses Dr. Otto Müller, der am Aufbau der katholischen Arbeiterbewegung maßgeblich beteiligt war. Er starb am 12. Oktober 1944 in der Haftanstalt Berlin-Tegel.

„die Wölfe *nicht* über die Schafe herfallen". Und weiter: „Haben wir vergessen, daß mit dem Erscheinen Christi die letzte, die kritische Zeit angebrochen ist, in der nicht Versöhnung, sondern Entscheidung, daß nicht Friede, sondern das Schwert gebracht wird?" – „Eine Kirche, die nicht leidet, ist nicht die apostolische Kirche" (in: Theologische Traktate, München 1951, Seite 173).

Der jüdische, dem KZ-Tod im Schwarzwald-Versteck entkomme Publizist Bernhard Guttmann schreibt einmal: „Der öffentlichen Infamie mit Entrüstung, aber stumm zusehen und den Schmerz in einem geheimen Tagebuch zu Protokoll geben, das würde vor dem Jehova des Buches Genesis nicht genügen" („Das alte Ohr – Essays", Frankfurt 1955, Seite 253). Es ist also auch die *Öffentlichkeit* des Bekenntnisses, die das Martyrium ausmacht und die zugleich eine göttliche Forderung an *alle* Christen bedeutet. Denn das Evangelium Jesu Christi beansprucht, in aller Öffentlichkeit bekannt und bezeugt zu werden. Genau deshalb trifft es auf den Haß und die Vernichtungswut der „Mächtigen dieser Welt" – wie immer sie heißen und welchen Namen sie auch tragen. „Jeder, der mich nicht bekennt", den kennt nach den Worten Jesu (Lukas 12,8) der Vater im Himmel nicht. Natürlich denken wir (das ist menschlich verständlich) „wieder und wieder, es möge doch nicht zum Äußersten kommen" (Peterson). Dabei gehört es zur Grundausstattung des Christen, auch dies Äußerste zu bedenken. Und das zu *tun*, was göttlich geboten ist: „Zeugnis abzulegen vor den Menschen und in aller Öffentlichkeit". Der Jesuitenpater Alfred Delp – er wurde am 2. Februar 1945 in Plötzensee hingerichtet – schrieb seinem Freund Hans Hutter in ein Buch folgende Sätze: „Wer nicht den Mut hat, Geschichte zu machen, wird ihr armes Objekt. *Laßt uns tun.*"

„Geprüft und nicht zu leicht befunden"

Am 7. Oktober 2001 wird Papst Johannes Paul II. wiederum zwei katholische Christen aus Deutschland seligsprechen. Zusammen mit der in ihrem Leben fast unscheinbaren Ordensschwester M. Euthymia aus dem Münsterland – einer buchstäblich im Verborgenen wirkenden Nonne – wird der Laie und Arbeiterführer Nikolaus Groß in Rom seliggesprochen werden. Eine Seligsprechung nimmt der Papst selbst vor; es ist ein zugleich rechtlicher wie liturgischer Akt. Johannes Paul II. wird feierlich erklären, daß die öffentliche Verehrung der beiden Verstorbenen erlaubt, gebilligt und „für nützlich gehalten" wird. Sie werden den Gläubigen als Vorbilder vor Augen gestellt und als „Fürbitter" empfohlen. Nach der Erkenntnis der Kirche leben sie in der Anschauung Gottes und können bei ihm auf vielfältige Weise für uns Menschen eintreten.

Ein solches Vorgehen ist nicht neu. Seit mehr als 1000 Jahren erklärt die katholische Kirche nach längerer Prüfung die öffentliche, auch liturgische Verehrung bestimmter Frauen und Männer als rechtens und verkündet sie feierlich. Zum erstenmal geschah das im Jahr 933 bei der Heiligsprechung des Bischofs Ulrich von Augsburg, also eines Deutschen. In den letzten Jahrzehnten ist der Unterschied zwischen Selig- und Heiligsprechung nicht mehr so deutlich in Erscheinung getreten. Überhaupt zeigen sich gewisse Reformen der Prozeßverfahren, wobei die früheren Nachweise von Wundern in den Hintergrund getreten zu sein scheinen.

Natürlich trifft ein Akt der Seligsprechung nicht nur auf Verständnis und Zustimmung. Manch einer/eine wird ihn für anmaßend oder geradezu exotisch halten – zumal dann, wenn ihm/ihr derartige Gepflogenheiten der katholischen Kirche fremd sind oder geworden sind. Andere werden vielleicht bedauern, daß nicht „heutigere" oder theologisch differenziertere Glaubenszeugen seliggesprochen werden. Und das zumal, wenn man nicht allein ihr Sterben, sondern ihr ganzes Leben zu beurteilen hat.

Ihnen könnte man entgegenhalten, daß bei der Päpstlichen Kongregation für die Heilig- und Seligsprechungen zur Zeit viele Verfahren auf dem Wege sind. Sie betreffen sehr unterschiedliche Personen, Charaktere und Nationen, auch zahlreiche Nichtpriester: Frauen und Männer – zum Beispiel den als Politiker hochverdienten Franzosen Robert Schuman.

Trotz alledem: Was bedeutet das eigentlich – Seligsprechung? Wer Schwester M. Euthymias und Nikolaus Groß' Leben und Sterben ins

Auge faßt, wird auf zwei Zeitgenossen treffen, die wußten, was Menschenwürde ist und wo sie verletzt oder auch die menschliche Freiheit (auch die der Religion) unterdrückt wurde. Sie schauten nicht weg, wenn Menschen aus rassistischen oder anderen politischen Motiven ausgeschlossen und verfolgt wurden – auch dann, wenn sie nicht der eigenen Glaubensgemeinschaft angehörten. Sie haben das raffinierte Blendwerk der NS-Diktatur durchschaut und sich dagegen auf ihre je verschiedene Weise zur Wehr gesetzt. Als militärische Tugenden höchst zweifelhaft wurden, bewies ein Mann wie Nikolaus Groß Zivilcourage und Standfestigkeit, Wahrheitsliebe und Widerstandskraft. Als Straßen und Plätze in Deutschland vom Siegeslärm erfüllt waren und sogenanntes „unwertes Leben" geächtet wurde, hat die damals fast unbekannte Ordensschwester Euthymia unbeirrt tägliche Nächstenliebe praktiziert. Sind diese Eigenschaften heute unzeitgemäß? Sicher nicht. Und betrifft ihr Lebenszeugnis nur die Mitglieder einer bestimmten Kirche? Will diese Kirche mit der öffentlichen Würdigung ihres Lebens, Wirkens und Leidens nur von eigenen Schwächen und Fehlern ablenken? Ja, besitzt die katholische Kirche überhaupt „die moralische Kompetenz, Opfer des Widerstands zu kanonisieren"? Und haben Mitglieder dieser Kirche nicht mit ihrem Leben und Sterben lediglich als Privatpersonen gehandelt, die eine wirklich *amtliche* Identifizierung mit ihren Leiden und Taten kaum zuläßt? Ist ein Mann wie der Familienvater und Arbeiter Nikolaus Groß nicht tatsächlich von seiner Kirche im Stich gelassen worden? War der Widerstand von Katholiken gegen das NS-Regime das Ergebnis eines förmlichen „Ungehorsams" gegen die Kirchenleitung, die ganz anders dachte? Viele Beispiele, die zu ermitteln heute keine wesentlichen Schwierigkeiten mehr bereitet, lassen sich für das Gegenteil anführen.
Wer in einer auf neue Weise angefochtenen Welt Orientierung sucht, kann sie bei diesen und anderen Christen finden. Wer erstrebenswerte Ziele sucht, statt nur vor sich auf den eigenen Weg zu starren, sieht sie in diesen Menschen verkörpert. Im übrigen geht es nicht darum, sie sozusagen sklavisch nachzuahmen oder sich von ihrem „außerordentlichen Leben" abschrecken oder verunsichern zu lassen. Sie taugen auch nicht als Idole eintagsbestimmter Begeisterung oder flotter Bewunderung. Doch sie eignen sich sehr wohl als Vorbilder, die auf individuelle und schöpferische Weise Nachahmung verdienen. Gerade heute.
In ihrer Seligsprechung sollen auch nicht etwa Leistungen herausgestellt und öffentlich belohnt werden. Die Kirche verleiht ihnen auch kein „Verdienstkreuz", noch feiert sie lediglich ihre eigene „Qualität". Die Frauen

„*Er schwamm mit im Verrat, muß folglich auch darin ertrinken ...*" *(Urteilsbegründung von Präsident Roland Freisler) – Nikolaus Groß beim Prozeß am 15. Januar 1945*

Das Gericht erkannte auf Tod durch Erhängen, „Ehrverlust" und Vermögenseinziehung: Bernhard Letterhaus vor dem Volksgerichtshof am 13. November 1944. Letterhaus kannte den „Blutrichter" Freisler aus seiner Zeit als Abgeordneter im Preußischen Landtag 1932. Damals wies Letterhaus in der „Westdeutschen Arbeiterzeitung" auf Freislers wiederholten Androhungen künftiger „Justizmorde" hin.

und Männer waren wie wir alle angefochten und sind trotz alledem gegen den Strom geschwommen. Sie wurden wie jedermann geprüft – wenn „auch nicht zu leicht befunden". Genau darum können sie für uns zu unseren „Bundesgenossen" auf der anderen Seite dieses Lebens werden.

Und das Wichtigste: Menschen wie die Ordensschwester M. Euthymia Üffing und der Arbeiterführer und Familienvater Nikolaus Groß haben begriffen, daß sie *Erlöste* sind. Und sie haben diese Erfahrung Menschen ihrer Lebenstage weiterzugeben versucht. Zu allererst waren sie *Liebende*. Eben deshalb traten sie für die Schwachen, Verführten, Unterdrückten und Gedemütigten ein. Nein, sie haben sich nichts „verdient". Diese Zeugen des Evangeliums und der Wahrheit antworten vorbehaltlos und hingegeben auf das unverdiente Geschenk des Glaubens, der Hoffnung und der Liebe – handelnd, betend, leidend, mutig und todesbereit. Sie schreiten die Wege Jesu, des menschgewordenen Erlösers, aus. Das ist ihre „Leistung", und nur deshalb sind sie selig in Gott.

Nikolaus Groß – aus seinen Worten und Taten blickt uns das Gesicht eines gläubigen, buchstäblich großherzigen und entschiedenen Menschen an, der wenig Aufsehen von sich selbst machte. Ein Mann „aus dem Volk" – ein Arbeiter. Ein Mensch, der sich im Anblick des Bösen keine Ausflüchte gestattete. Trotz einer angefochtenen Gesundheit war er eine im Grunde kraftvolle Natur; ein Mensch wörtlicher Nachfolge und des wörtlich genommenen Evangeliums. Groß hat Gottes Menschwerdung nicht mit Vorbehalten oder Hypothesen versehen. Er hat unter den Schwächen der Kirche und mancherlei politischem Fehlverhalten oder politischen Kompromissen gelitten. Das konnte ihn jedoch nicht davon ablenken, sich zum Credo dieser seiner Kirche bis in die letzte Lebensminute hinein zu bekennen. Er ist – wie Hunderte andere – als bewußtes Glied dieser Kirche gestorben. Nie hat er sich den Rat derer zu eigen gemacht, die der Maxime „Halt dich heraus!" folgten. Er ist also nicht dem Rat der Bequemen gefolgt, die es mit den Geboten Gottes gern „etwas leichter" hätten. Martyrer des Glaubens und der Kirche stellen ja nicht selten ein pures Ärgernis dar. Sie erregen Widerspruch – welcher Art er immer sein mag. Sie wurden „geprüft und nicht zu leicht befunden".

Deshalb wird auch die Kirche des 7. Oktober 2001 diesen Zeugen und seine am gleichen Tag seliggesprochene „Mitschwester" freudig und dankbar zur „Ehre der Altäre" erheben. Beide haben das Wort verdient: „Die Seelen der Gerechten sind in Gottes Hand, des Todes Qual berührt sie nicht. Sterbende waren sie dem Auge der Toren; als Unglück gilt ihr Ende, ihr Scheiden von uns als Untergang – sie aber weilen im Frieden. Wenn sie auch nach Ansicht der Menschen Qualen erlitten, so erfüllte sich doch ihr Hoffen auf Unsterblichkeit. Sie wurden gepeinigt, aber viel Herrliches ist ihnen widerfahren: Denn Gott hat sie nur geprüft, und er fand sie seiner wert. Wie Gold im Ofen hat er sie erprobt und wie ein Brandopfer angenommen" (Buch der Weisheit 3,1-6).

Berlin-Tegel, den 21. 1. 45

Herzallerliebste Mutter!
Ihr lieben und guten Kinder!

Es ist St. Agnestag, an dem ich diesen Brief schreibe, der, wenn er in Eure Hände kommt, zusammen mit einem anderen Brief, den ich im November schrieb, Euch künden wird, daß der Herr mich gerufen hat. Vor mir stehen Eure Bilder und ich schaue jedem lange in das vertraute Angesicht. Wieviel hatte ich noch für Euch tun wollen – der Herr hat es anders gefügt. Der Name des Herrn sei gepriesen. Sein Wille soll an uns geschehen. Fürchtet nicht, daß angesichts des Todes großer Sturm und Unruhe in mir sei. Ich habe täglich immer wieder um die Kraft und Gnade gebeten, daß der Herr mich und Euch stark mache, alles geduldig und ergeben auf uns zu nehmen, was Er für uns bestimmt oder zugelassen. Und ich spüre, wie es durch das Gebet in mir still und friedlich geworden ist.
Mit inniger Liebe und tiefer Dankbarkeit denke ich an Euch zurück. Wie gut ist doch Gott und wie reich hat er mein Leben gemacht. Er gab mir seine Liebe und Gnade, und er gab mir eine herzensliebe Frau und gute Kinder. Bin ich ihm und Euch dafür nicht lebenslangen Dank schuldig? Habt Dank, Ihr Lieben, für alles, was ihr mir erwiesen. Und verzeiht mir, wenn ich Euch weh tat oder meine Pflicht und Aufgabe an Euch schlecht erfüllte. Besonders Dir, liebe Mutter, muß ich noch danken. Als wir uns vor einigen Tagen für dieses Leben verabschiedeten, da habe ich, in die Zelle zurückgekehrt, Gott aus tiefem Herzen gedankt für Deinen christlichen Starkmut. Ja, Mutter, durch Deinen tapferen Abschied hast Du ein helles Licht auf meine letzten Lebenstage gegossen. Schöner und glücklicher konnte der Abschluß unserer innigen Liebe nicht sein, als er durch Dein starkmütiges Verhalten geworden ist. Ich weiß: Es hat Dich und mich große Kraft gekostet, aber daß uns der Herr diese Kraft geschenkt, dessen wollen wir dankbar eingedenk sein.
Manchmal habe ich mir in den langen Monaten meiner Haft Gedanken darüber gemacht, was wohl einmal aus Euch werden möge, wenn ich nicht mehr bei Euch sein könnte. Längst habe ich eingesehen, daß Euer Schicksal gar nicht von mir abhängt. Wenn Gott es so will, daß ich nicht mehr bei Euch sein soll, dann hat Er auch für Euch eine Hilfe bereit, die ohne mich wirkt. Gott verläßt keinen, der Ihm treu ist, und Er wird auch Euch nicht verlassen, wenn Ihr Euch an Ihn haltet.

Berlin-Tegel, den 21.1.45

Herzallerliebste Mutter!
Ihr lieben und guten Kinder!

Es ist N. Agnestag an dem ich diesen Brief schreibe, der, wenn er in Eure Hände kommt, zusammen mit einem anderen Brief, den ich im November schrieb, Euch künden wird, daß der Herr mich gerufen hat. Vor mir stehen Eure Bilder und ich schaue jedem lange in das vertraute Angesicht. Wieviel hätte ich noch für Euch tun wollen — der Herr hat es anders gefügt. Der Name des Herrn sei gepriesen. Sein Wille soll an uns geschehen. Fürchtet nicht, daß angesichts des Todes großer Kummer und Unruhe in mir sei. Ich habe täglich immer wieder um die Kraft und Gnade gebeten, daß der Herr mich und Euch stark

Habt keine Trauer um mich – ich hoffe, daß mich der Herr annimmt. Hat Er nicht alles wunderbar gefügt. Er ließ mich in einem Hause, in dem ich auch in der Gefangenschaft manche Liebe und menschliches Mitgefühl empfing. Er gab mir über fünf Monate Zeit – wahrlich eine Gnadenzeit –, mich auf die Heimholung vorzubereiten. Ja, Er tat viel mehr: Er kam zu mir im Sakrament, oftmals, um bei mir zu sein in allen Stürmen und Nöten, besonders in der letzten Stunde. Alles das hätte ja auch anders sein können. Es war nur ein kleines dazu nötig, ich brauchte, wie viele andere nach dem Angriff vom 6. 10., nur in ein anderes Haus verlegt werden, und ich hätte vieles und Entscheidendes nicht empfangen. Muß ich nicht Gottes weise und gnädige Fügung preisen und Ihm Dank sagen für seine Güte und väterliche Obhut? Sieh, liebe Mutter, so menschlich schwer und schmerzlich mein frühes Scheiden auch sein mag – Gott hat mir damit gewiß eine große Gnade erwiesen. Darum weinet nicht und habt auch keine Trauer; betet für mich und danket Gott, der mich in Liebe gerufen und heimgeholt hat.

Ich habe für jeden von Euch ein Spruch- oder Andachtsbildchen mit einem persönlichen letzten Wort versehen. Möge es jedem eine kleine Erinnerung sein, auch zu der Bitte, mich im Gebet nicht zu vergessen.

Eine große Freude war mir das Sterbekreuz und der Rosenkranz, den Du, liebe Mutter, mir in die Zelle schicktest. Ich trage das Kreuz Tag und Nacht auf der Brust, und auch der Rosenkranz ist mein ständiger Begleiter. Ich werde Sorge tragen, daß beides in Deine Hände zurückkommt. Auch sie werden Dir Gegenstand lieber Erinnerung sein.

Nun habe ich meine irdischen Angelegenheiten geordnet. Die Tage und die Stunden, die mir bleiben, will ich ganz dem Gebet hingeben. Gott möge sich meiner armen Seele erbarmen und Euch immerdar mit seinem Segen und seiner Gnade begleiten.

In der Liebe Christi, die uns erlöste und unsere ganze Hoffnung ist, segne ich Euch: Dich, liebste, gute Mutter, Dich Klaus und Dich Berny, Dich Marianne und Dich Elisabeth, Dich Alexander, Dich Bernhard und Dich Leni. Ich grüße noch einmal alle teuren Verwandten, meinen Vater und Schwiegervater, meine Geschwister, Schwäger und Schwägerinnen mit ihren Kindern, alle Verwandten, Freunde und Wohltäter.

Gott vergelte Euch, was Ihr mir Liebes und Gutes getan habt. Im Vertrauen auf seine Gnade und Güte hofft auf ein ewiges Wiedersehen in seinem Reiche des Friedens

Lebensdaten Nikolaus Groß (1898-1945)

30. September 1898	Geboren in Niederwenigern bei Hattingen an der Ruhr
2. Oktober 1898	Getauft in der Pfarrkirche St. Mauritius in Niederwenigern
1905-1912	Besuch der achtklassigen Volksschule
23. April 1911	Erstkommunion
22. Mai 1914	Firmung
April 1912 – Dezember 1914	Jugendarbeiter im Blechwalzwerk und Röhrenwerk der Firma Weppen in Altendorf/Ruhr (heute Essen-Burgaltendorf)
Januar 1915 – März 1919	Arbeit auf der Zeche „Dahlhauser Tiefbau"; angefangen als Schlepper, beendet mit Abschluß der Hauerlehre
April 1919 – Juni 1920	Bergmann auf der Zeche „Gewerkschaft Aufgottgewagt und Ungewiß" in Altendorf
Juni 1917	Eintritt in den „Gewerkverein christlicher Bergarbeiter Deutschlands", Beginn der Besuche von Abendkursen und Rednerschulungen und Eintritt in die Deutsche Zentrumspartei
Juni 1919	Eintritt in den „Antonius Knappen- und Arbeiterverein von Niederwenigern"
Juli 1920 – Juni 1921	Jugendsekretär beim „Gewerkverein christlicher Bergarbeiter Deutschlands" für den Bezirk Oberhausen
Juli 1921 – Mai 1922	Hilfsredakteur des „Bergknappen", des Organs des Gewerkveins christlicher Bergarbeiter

Juni 1922 – Oktober 1922	Gewerkschaftssekretär in Waldenburg, Niederschlesien
Nov. 1922 – Nov. 1924	Bezirksleiter für den Bezirk Zwickau in Sachsen
24. Mai 1924	Heirat mit Elisabeth Koch aus Niederwenigern
1924–1939	In dieser Zeit werden dem Ehepaar Groß sieben Kinder geboren
1924–1926	Sekretär des Christlichen Bergarbeiterverbandes in Bottrop
1. Januar 1927	Eintritt in die Redaktion der „Westdeutschen Arbeiterzeitung" (ab 1935 Ketteler-Wacht) – Organ der KAB
1. April 1927	Chefredakteur der „Westdeutschen Arbeiterzeitung"
Oktober 1933	Antrag auf Aufnahme in den Reichsbund der Deutschen Presse
November 1938	Endgültiges Verbot der „Ketteler-Wacht"
1939	Mitglied der Verbandsleitung der KAB Westdeutschland. Publizierung religiöser Kleinschriften, bis 1941 die Papierzufuhr gestoppt wird
Oktober 1942	Kennenlernen von Pater Alfred Delp SJ, Mitglied des „Kreisauer Kreises", bei einer Konferenz der Männerseelsorge in Fulda
Von Ende 1942 an	Gespräche mit den ehemaligen Zentrumspolitikern und christlich-sozialen Gewerkschaftern Bernhard Letterhaus und Jakob Kaiser über Umsturzpläne des „Goerdeler-Kreises"

Februar 1943	Teilnahme an einer Zusammenkunft von Carl Friedrich Goerdeler, Jakob Kaiser und Prälat Dr. Otto Müller im Kettelerhaus
Oktober 1943	Treffen mit Carl Friedrich Goerdeler und Jakob Kaiser in Berlin
11. August 1944	Besuch bei Frau Letterhaus, Überbringung der Nachricht von der Verhaftung ihres Mannes am 25. Juli
12. August 1944	Verhaftung durch die Kölner Gestapo und Unterbringung in einer Außenstelle des KZ Ravensbrück
September 1944	Verlegung nach Berlin-Tegel
15. Januar 1945	Verurteilung durch den Volksgerichtshof unter dem Vorsitz Roland Freislers
23. Januar 1945	Hinrichtung durch den Strang im Gefängnis Berlin-Plötzensee
7. Oktober 2001	Seligsprechung durch Papst Johannes Paul II. im Petersdom in Rom

Nachwort

Der Verfasser dieses Buches hat dem Bischof von Essen, Dr. Hubert Luthe, für seinen Auftrag, über den Martyrer Nikolaus Groß zu schreiben, herzlich zu danken. Sein Dank gilt auch dem ständigen und erfreulichen Zusammenwirken mit Bernhard Groß, dem jüngsten Sohn des Blutzeugen, sowie der ältesten Tochter Berny Marohl.

Ferner hat er dem Bürgermeister von Moselkern, Günter Weckbecker, und seiner Mitarbeiterin Frau Nievenheim sowie Frau Ursula Milles (Recklinghausen) für die Beschaffung vieler Spezialliteratur zu danken. Der Dank gilt gleichfalls dem Pfarrer von Niederwenigern, Eberhard Stute, sowie Günter Beaugrand für die Überlassung wichtiger Dokumente. Danken möchte der Autor auch Frau Marlene Weymann für die Abschrift und Vervielfältigung des Manuskripts.

Auf die wissenschaftlichen Veröffentlichungen von Jürgen Aretz und Vera Bücker (Oberhausen) habe ich gern zurückgegriffen. Was die Person und Bedeutung des Mitstreiters und Freundes von Nikolaus Groß, Bernhard Letterhaus, betrifft, so verweise ich auf meine Darstellung in dem 1972 in Köln erschienenen Band „Arbeit und Opfer", Seite 17-91.

Bildnachweis

Fotos: Bernhard Groß
außer:
Gemeindeverwaltung Moselkern (S. 8, 10, 11)
Albert Renger-Patzsch (Privatbesitz Erich Kock) (S. 12)
Bergbau-Archiv Bochum (S. 20, 22)
Rheinisches Bildarchiv Köln (184 964) (S. 68)

Autor

Erich K o c k. Geb. 1925 in Münster/Westfalen. Studium der katholischen Theologie, der Philosophie und Germanistik. Publizist und Schriftsteller. Verheiratet, sechs Kinder. Schreibt seit 1951. Drehbücher zu 100 Filmen. Mitglied des Verbandes Deutscher Schriftsteller in der IG ver.di. 1963 Preis der Presse und Kritik. 1966 Silberne Taube: Festival der UNDA/Monte Carlo. Katholischer Journalistenpreis 1977. 1990 „Silberner Brotteller des Deutschen Caritasverbandes". Von 1961 bis 1968 Sekretär von Heinrich Böll. Von 1971 bis 1990 Chefredakteur der Zeitschrift „Caritas in NRW". Autor zahlreicher Rundfunk- und Fernsehsendungen, Bücher und Zeitschriftenbeiträge. Verfaßte u. a.: „Unterdrückung und Widerstand – Fünf Jahre deutscher Besetzung in den Niederlanden", Dortmund 1959. „Zwischen uns sei Wahrheit" (Essays), Recklinghausen 1959. „Vorsignale" (Essays). Mit einem Vorwort von Heinrich Böll, Recklinghausen 1961. „Zwischen den Fronten – Franz Stock", Mainz 1964, Paris 1966, Mainz ²1977. „Ludwig van Beethoven" (Sachbuch), zus. mit Hans-Conrad Fischer, Salzburg 1970, London 1973, New York 1972, Amsterdam 1971, Zürich 1972. „Franziska Schervier – Zeugin einer dienenden Kirche", Mainz ²1976. „Flandrisches Evangelium – Felix Timmermanns", Limburg 1976. „Dein Kleid ist Licht – Rembrandt malt den Glauben", Limburg 1977. „Wege ins Schweigen" (Alltag in einem Trappistenkloster), Limburg 1977. „Du Grund unserer Freude – ein Marienbuch", Limburg 1981, ³1989. „Ich freue mich auf heute", Limburg 1981. „Winter in Wien" (Reinhold Schneider) mit Fotos des Autors, Freiburg–Wien 1986. „In den Ecken hausen die Engel" (Erzählungen), Limburg 1991. „Er widerstand – Bernhard Lichtenberg" (Biographie), Berlin 1996. „Zeitzeugen des Glaubens" (Porträts), Köln 2001. „Johann Wolfgang von Goethe – Zwei Studien", Köln 2001. „Jeden Morgen trifft mich das Licht – Vom Älterwerden", Limburg ²1999.